Ом Амритэшварьей Намаха

КНИГА АРЧАНЫ

I0150819

с переводом на русский язык

Mata Amritanandamayi Center, San Ramon
Калифорния, США.

Тьягенайке амритатваманашух

Бессмертие достигается только через самоотречение
(Кайвалья-Упанишада)

УДК 130.3:233
ББК 87.2(5Инд)
+ 86.331
С24

Книга Арчаны
с переводом на русский язык

Издатель:

Mata Amritanandamayi Center

P.O. Box 613, San Ramon, CA 94583

Соединенные Штаты

© Mata Amritanandamayi Center, 2016

Русский сайт об Амме: www.ru.amma.org

Сайт в Индии: www.amritapuri.org

inform@amritapuri.org

Содержание

Польза от Арчаны

«Эта Арчана (произнесение имен Божьих) приносит благоденствие семье и мир миру. Она устраняет последствия совершенных в прошлом ошибок. Мы обретаем силу для постижения Истины и способность жить в соответствии с ней. Мы получаем долголетие и богатство. Очищается пространство.

Когда мы произносим Лалита Сахасранаму, пробуждается энергия в каждом нерве нашего тела. Эта пуджа устраняет негативные последствия неудовольствия предков и злых чар, наведенных другими людьми. После этого вам, дети мои, не нужно будет прибегать к специальным обрядам для защиты от зла, потому что сила, которую вы получаете, совершая с концентрацией эту пуджу, не может быть достигнута никаким священником или чтецом мантр, даже если они будут совершать богослужебные обряды тысячу лет. Когда мы молимся с открытым сердцем, устраняется влияние всех злых чар. Вам больше не нужно их бояться. Конечно, в жизни каждого бывают тяжелые времена, но это не из-за наведенных кем-то злых чар. Не следует заблуждаться на этот счет. Тем, кто совершает эту Арчану, не нужно искать других средств (избавления от зла). Всё зло будет устранено».

Амма

Манаса-пуджа

Наставления Аммы относительно внутреннего поклонения своему Возлюбленному Божеству во время медитации.

Сядьте в удобную асану (позу) и постарайтесь ощутить, как всё ваше существо погружается в глубокий покой. Дышите медленно, глубоко, осознанно в течение 2-3 минут. Закройте глаза и трижды произнесите «Аум». Произнося «Аум», чувствуйте, как звук поднимается от пупка к сахасраре (макушке); вместе с этим представляйте, как из вас выходят негативные склонности и плохие мысли. Затем, с преданностью, любовью и горячим устремлением повторяя: «Амма, Амма... (Мать, Мать...)» – представьте перед собой образ Божественной Матери, которая улыбается вам и смотрит на вас глазами, полными милосердия.

Какое-то время наслаждайтесь совершенной красотой Божественной Матери, представляя каждую часть Ее божественного облика. Склонитесь к лотосным стопам Матери, ощутите, как ваш лоб касается Ее священных стоп. Молитесь Ей: «О Мать, защити меня! Ты единственная вечная Истина. Ты моя единственная опора. Только Ты можешь даровать мне настоящий мир и радость. Никогда не покидай меня, никогда не оставляй меня!»

Затем представьте сияющий образ Матери на ваших ладонях. Ощутите, как вас окутывает благодать, излучающаяся из Ее глаз. Потрите ладонями лицо и всё тело сверху вниз. Ощутите, что вас наполняет божественная энергия, а все невзгоды и горести уходят прочь.

Непрерывно, на протяжении всей пуджи, беззвучно повторяйте: «Амма, Амма, Амма, не покидай меня, не оставляй меня!»

А теперь представьте, как вы совершаете омовение Божественной

Матери. Представьте, что льете воду на голову Матери, и наблюдайте, как вода омывает каждую часть Ее божественной формы и, наконец, достигает Ее лотосных стоп. Затем представьте, как вы совершаете омовение с использованием поочередно молока, масла гхи, меда, сандаловой пасты, воды из лепестков роз и т.д. Совершая каждое из видов омовений, наслаждайтесь красотой образа Божественной Матери. Представьте, что поднося Ей эти материальные вещества, вы дарите Ей свое чистое сердце.

Затем совершите омовение с вибхути (священным пеплом). Наблюдайте, как он медленно достигает лотосных стоп Матери. Теперь осыпьте Божественную Мать прекрасными цветами. Возьмите красивое полотенце и протрите Ее лицо и тело. Облачите Мать в прекрасное сари, с ощущением, как будто наряжаете своего ребенка.

Молитесь Ей: «О Мать, приди в мое сердце и останься в нем! Только если Ты будешь в моем сердце, я смогу идти по правильному пути». Умастите Мать прекрасными духами, наденьте на Нее украшения: серьги, ожерелье, пояс, ножные браслеты и т.д. Нанесите кумкум (шафран) на Ее лоб. Увенчайте Мать усыпанной драгоценностями короной. Наденьте на Нее цветочную гирлянду. Наслаждайтесь неземной красотой Матери. Пусть ваш взгляд скользит сверху вниз, от Ее лика к лотосным стопам, и снизу вверх, от лотосных стоп к лику. Словно ребенок, расскажите Матери обо всем на свете.

Молитесь Ей: «О Мать, Ты – чистая любовь. Я же так нечист, что не достоин Твоей милости. Тебе, должно быть, противны мой эгоизм и гордыня. Но всё же будь милосердна. Пожалуйста, будь со мной. Ты священная река, а я застоявшийся пруд. Наполни меня и очисти, прощая мои недостатки и ошибки!»

Сандаловой пастой нанесите изображение «Ом» на лотосные стопы Матери. Трижды осыпьте Ее стопы цветами.

Теперь вслух произнесите Дхьянам (стр. 40) и, оставаясь в медитативном состоянии, начните произносить Сахасранамавали, начиная с «Ом шри матре намаха». (Если декламация происходит в группе, то после каждого имени, произнесенного ведущим, группа повторяет: «Ом параашактией намаха»). Произнося каждое имя, представляйте, что берете цветок из сердца и мысленно подносите его к лотосным стопам Матери. (Цветок символизирует ваше чистое сердце). После завершения декламации «Тысячи имен» продолжайте в течение нескольких минут сидеть в безмолвии, держа спину прямо. Представляйте, что божественные вибрации распространяются по всему вашему существу.

А теперь предложите Божественной Матери сладкую кашу в качестве найведья (священного подношения пищи), протягивая ее руками, и представьте, что Мать с удовольствием вкушает ваше подношение. Настоящая найведья – это ваша чистая любовь к Матери. Если вы умеете петь, исполните песню в качестве подношения Матери. Представьте, как Она танцует во время вашего пения. Танцуйте вместе с Ней.

Внезапно во время танца Она вас оставляет и убегает прочь. Бегите за ней следом и, когда догоните, обратитесь к Ней с мольбой: «О Мать, почему Ты меня покидаешь? Почему позволяешь мне погибать в этом дремучем лесу самсары? Я сгораю в огне этого суетного мира. Приди, подними и спаси меня!» Божественная Мать останавливается и зовет вас к Себе, протягивая к вам руки. Бегите к Ней и обнимите Ее. Сядьте к Ней на колени. Чувствуйте себя с Матерью совершенно свободно, как ребенок со своей матерью: обнимайте и ласкайте Ее, играйте с Ее волосами, заплетайте Ей косы и т.д.

Попросите Мать никогда больше не дразнить вас так. Расскажите Ей обо всех ваших горестях и тревогах. Скажите Матери, что больше никогда не допустите, чтобы Она оставила вас. Молите Ее:

«О Божественная Мать, я преподношу себя к Твоим Лотосным Стопам. Сделай меня Своим совершенным инструментом. Я больше ничего не хочу в этом мире. Единственное мое желание – созерцать Твой Божественный Образ, быть с Тобой. Открой мои глаза, чтобы я мог видеть только Твою Божественную красоту. Преобрази мой ум, чтобы он находил удовольствие лишь в Тебе. Пусть Твоя воля станет моей, пусть Твои мысли станут моими, пусть Твои слова станут моими. Что бы я ни делал, даже когда ем или сплю, пусть все мои действия служат одной цели – слиться с Тобой. Помоги мне стать таким же бескорыстным и полным любви, как Ты». Продолжая беседовать с Божественной Матерью и молиться Ей подобным образом, сосредоточивайте внимание на Ее образе.

Совершите круговые движения горящей камфорой перед образом Матери, которая стоит перед вами, улыбаясь, и смотрит на вас глазами, полными милосердия. Представьте, что вы подносите Ей все свои хорошие и плохие качества, и полностью отдаете себя Ей.

Совершите прадакшину (трижды обернитесь вокруг себя по часовой стрелке) и преклонитесь к Лотосным Стопам Матери, с молитвой в сердце: «О Мать Вселенной, Ты – мое единственное прибежище. Вверяю себя Тебе».

Произнесите молитвы во имя мира: «асатома садгамайя», «лока самаста сукхино бхаванту» и «пурнамадах пурнамидам» (стр. 248).

После созерцания Божественной Матери, чувствуя в сердце мир и наполненность, поклонитесь Ей и тому месту, на котором вы сидели. Завершите пуджу. Если возможно, продолжайте медитацию на образ Божественной Матери еще некоторое время.

Ом мир, мир, мир!

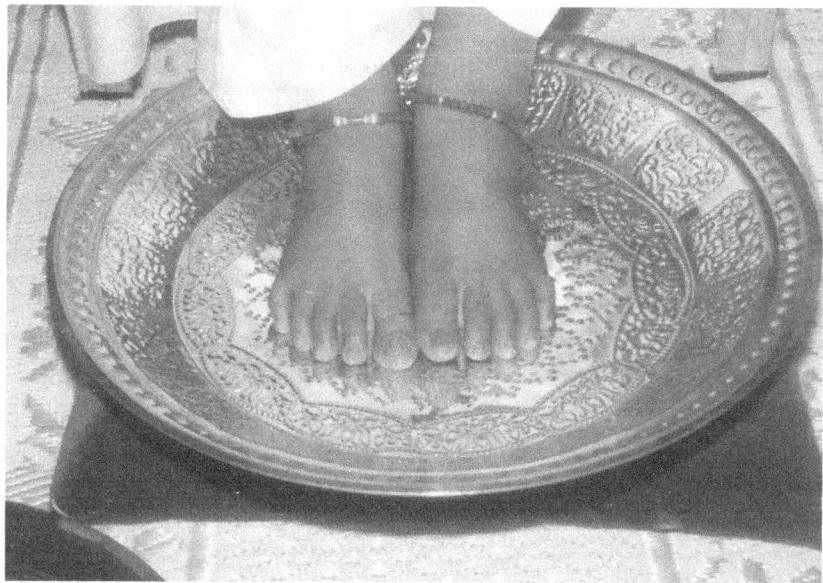

Мата Амританандамайи Аштоттара Шата Намавали

Дхьяайяамо-дхавалаавагунтханаватиим теджомайиим-найштхикиим
снигдхаапаанга-вилокиниим бхагаватиим мандасмита-шрии-мукхиим
ваатсальяамрита-варшиниим сумадхурам санкииртанаалаапиниим
шьяамаангиим мадху-сикта-сууктиим амритаанандаатмикаам иишвариим

Сто восемь имен Маты Амританандамайи

Мы медитируем о (Мате Амританандамайи), облаченной в
белые одеяния; сияющей; вечно утвержденной (в Истине);
чьи взгляды полны пленяющей любви; которая

обладает шестью Божественными качествами;

чей лик озарен нежной ласковой улыбкой;

которая непрерывно источает нектар любви; сладостно поет славу Господу; цвет кожи которой напоминает дождевые облака; чьи речи подобны меду; которая является воплощением бессмертного блаженства и Самой Верховной Богиней.

Поклон Амме, …

1. **Ом пуурна-брахма-сваруупиньей намаха**
   …которая является полным воплощением абсолютной Истины.

2. **Ом сатчидаананда мууртайе намаха**
   … которая является воплощением бытия, знания и блаженства.

3. **Ом аатмаа-раамааграганьяайей намаха**
   …превосходнейшей среди тех, кто наслаждается Атманом (высшим «Я»).

4. **Ом йога-лиинаантараатмане намаха**
   …чей Атман слился в йоге (союзе Атмана с Брахманом).

5. **Ом антар-мукха-свабхааваайей намаха**
   …которая по природе Своей обращена внутрь.

6. **Ом турья-тунга-стхалииджуше намаха**
   …которая пребывает на высшем плане сознания, известном как турья.

7. **Ом прабхаа-мандала-виитаайей намаха**
   …которая полностью окружена Божественным светом.

8. **Ом дураасада-махауджасе намаха**
   … непревзойденной в Своем величии.

9. **Ом тьякта-диг-васту-каалаади-сарвававатчеда-раашайе намаха**
   …которая пребывает за пределами всех ограничений пространства, материи
   и времени.

10. **Ом-саджаатиийя-виджаатиийя-свиийя-бхеда-нираакрите намаха**
   ...которая лишена каких-либо различий.

11. **Ом-ваании-буддхи-вимригъяайей намаха**
   ...которую не способны постичь ни речь, ни интеллект.

12. **Ом шашвад-авьякта-вартмане-намаха**
   ...чей путь вечно не определен.

13. **Ом наама-руупаади-шууньяайей намаха**
   ...которая не имеет имени и формы.

14. **Ом шуунья-кальпа-вибхуутайе намаха**
   ...для которой не имеют значения йогические силы (как весь мир не имеет значения во время его растворения).

15. **Ом шадайшварья-самудраайей намаха**
   ...которая отмечена благоприятными знаками шести Божественных качеств (владычество, отвага, слава, благость, знание, бесстрастие).

16. **Ом дуурии-крита-шад-уурмайе намаха**
   …которая не подвержена шести жизненным модификациям (рождение, существование, рост, изменение или эволюция, упадок, разрушение).

17. **Ом нитья-прабуддха-сампуддха-нирмуктаатма-прабхаамуче намаха**
   …которая излучает свет Атмана – вечный, сознательный, чистый и свобод-
   ный.

18. **Ом кааруньякула-читтаайей намаха**
   …чье сердце полно милости.

19. **Ом тьякта-йога-сушуптайе намаха**
   …которая отказалась от йогического сна.

20. **Ом керала-кшмааватиирнаайей намаха**
   …которая воплотилась на земле Кералы.

21. **Ом маануша-стрии-вапурбхрите намаха**
   …которая имеет тело женщины.

22. **Ом дхармиштха-сугупаапапда-дамаянтии-свайям-бхуве намаха**

...которая воплотилась по собственной воле как дочь добродетельных Сугу-нананды и Дамаянти.

23. **Ом маатаа-питри-чираачиирна-пунья-пуура-пхалаатмане намаха**

...которая появилась у Своих родителей в результате многочисленных праведных поступков, совершенных ими во многих жизнях.

24. **Ом нишабда-джанании-гарбха-ниргамаадбхута-кармане намаха**

...которая чудесным образом хранила молчание, выйдя из утробы матери.

25. **Ом каалии-шрии-кришна-санкааша-комала-шьямала-твише намаха**

...чей прекрасный темный цвет кожи напоминает Кали и Кришну.

26. **Ом чира-нашта-пунар-лабдха-бхааргава-кшетра-сампаде намаха**

...которая является богатством (сокровищем) Кералы (земли Бхаргавы), надолго утраченным и теперь обретенным вновь.

27. **Ом мрита-праайя-бхригу-кшетра-пунар-уддхита-теджасе намаха**

   …которая является жизнью Кералы, стоявшей на краю гибели, а теперь возродившейся.

28. **Ом саушиильяади-гунаакришта-джангама-стхааваралайе намаха**

   …которая притягивает всё сущее Своими благородными качествами, такими как добродетельность и т.д.

29. **Ом манушья-мрига-пакшьяади-сарва-самсевитаангхрайе намаха**

   …чьим стопам поклоняются люди, звери, птицы и все остальные.

30. **Ом найсаргика-дайяа-тииртха-снаана-клиннаантар-аатмане намаха**

   …чей Атман всегда купается в священной реке милосердия.

31. **Ом даридра-джанатаа-хаста-самарпита-ниджаандхасе намаха**
...которая отдавала собственную пищу бедным.

32. **Ом анья-вактра-пра-бхуктаанна-пуурита-свиийя-кукшайе намаха**
...которая насыщается, когда другие вкушают пищу.

33. **Ом сампраапта-сарва-бхуутаатма-сваатма-саттаанубхуутайе намаха**
...которая достигла осознания, что Ее Атман един с Атманом всех существ.

34. **Ом ашикшита-свайям-сваанта-спхурат-кришна-вибхуутайе намаха**
...которая знала о Кришне всё без всяких наставлений.

35. **Ом аччхинна-мадхуродаара-кришна-лиилаанусандхайе намаха**
...которая постоянно размышляла о милых забавах Господа Кришны.

36. **Ом нандатмаджа-мукхаалока-нитьоткантхита-четасе намаха**
...чей ум постоянно жаждет узреть лик Сына Нанды (Кришны).

37. **Ом говинда-випрайогаадхи-даава-дагдхаантараатмане намаха**
   …чей ум горел в огне страданий от разлуки с Говиндой (Кришной).

38. **Ом вийога-шока-саммуурччхаа-мухур-патита-варшмане намаха**
   …которая часто падала на землю без сознания от горя, порожденного отделенностью от Кришны.

39. **Ом саарамейяади-вихита-шушруушаа-лабдха-буддхайе намаха**
   …которая приходила в себя благодаря заботе собак и других животных.

40. **Ом према-бхакти-балаакришта-праадур-бхаавита-шаарнгине намаха**
   …чья высшая любовь словно силой притянула Кришну и заставила Его явиться Ей.

41. **Ом кришна-лока-махаахлаада-дхваста-шокаантараатмане намаха**
   …чьи страдания растворились в великой радости, рожденной явлением Кришны.

42. **Ом каанчии-чандрака-манджиира-вамшии-шобхи-свабхуу-дрише намаха**

  …которая лицезрела сияющий образ Кришны, на ком красовались золотые украшения – пояса, браслеты, перо павлина и который держал в руках флейту.

43. **Ом саарватрика-хришиикеша-сааннидхья-лахарии-сприше намаха**

  …которая ощутила всепроникающее присутствие Хришикеши (Кришны).

44. **Ом сусмера-тан-мукхаалока-висмеротпхулла-дриштайе намаха**

  …чьи глаза оставались широко открытыми от радости созерцания улыбающегося лика Кришны.

45. **Ом тат-каанти-йамунаа-спарша-хришта-ромаанга-йаштайе намаха**

  …чьи волосы встали дыбом, когда Она коснулась реки Его красоты.

46. **Ом апратиикшита-сампрааптаадевии-руупопалабдхайе намаха**

  …которой явилось неожиданное видение Божественной Матери.

47. **Ом паании-падма-свападвиинаа-шобхамаанаамбикаа-дрише намаха**

…которой явилось видение Божественной Матери, державшей в Своей лотосной руке вину (музыкальный инструмент).

48. **Ом девии-садьяс-тиродхаана-таапа-вьятхита-четасе намаха**

…которая была охвачена глубоким страданием после внезапного исчезновения Божественной Матери.

49. **Ом диина-родана-нир-гхоша-диирна-диккарна-вартмане намаха**

…чьи жалобные стенания оглашали пространство, разносясь на все четыре стороны.

50. **Ом тьяктаанна-паана-нидраади-сарва-дайхика-дхармане намаха**

…которая отказалась от всякой телесной деятельности, такой как принятие пищи или воды, сон.

51. Ом курараади-самааниита-бхакшья-пошита-варшмане намаха
...чье тело поддерживалось пищей, принесенной птицами и другими животными.

52. Ом виинаа-нишьянти-сангиита-лаалита-шрути-наалайе намаха
...до чьего слуха донеслись волны Божественных мелодий ви́ны (которую держала в руках Божественная Мать).

53. Ом апаара-парамаананда-лахарии-магна-четасе намаха
...чей ум погрузился в упоительное, беспредельное, высшее блаженство.

54. Ом чандикаа-бхиикараакаара-даршанаалабдха-шармане намаха
...чей ум исполнился покоя после видения ужасного аспекта Божественной Матери (Чандики).

55. Ом шаанта-руупаамритаджхарии-пааранаа-нирвритаатмане намаха
...которая погрузилась в экстаз, испив из амброзийной реки блаженного аспекта (Божественной Матери).

56. Ом шаарадаа-смааракаашеша-свабхаава-гуна-сампаде намаха
…чья природа и качества напоминают о Шри Сараде Деви.

57. Ом прати-бимбита-чаандрейя-шаарадобхайя-мууртайе намаха
…в ком нашла отражение двоякая форма Шри Рамакришны и Шри Сарады Деви.

58. Ом таннаатакаабхинайяна-нитья-рангайитаатмане намаха
…в ком мы видим, как вновь разыгрывается их драма.

59. Ом чаандрейяа-шаарадаа-келии-каллолита-судхаабдхайе намаха
…которая – океан амброзии, где вздымаются волны многообразных игр Шри Рамакришны и Шри Сарады Деви.

60. Ом уттеджита-бхригу-кшетра-дайва-чайтанья-рамхасе намаха
…которая повысила Божественный потенциал Кералы.

61. Ом бхууйях-пратьяваруддхаарша-дивья-самскаара-раашайе намаха

…которая вновь утвердила вечные Божественные ценности, провозглашенные риши (прозревшими Истину мудрецами).

62. Ом апраакритаат-бхуутаананта-кальяана-гуна-синдхаве-намаха

…которая – океан Божественных качеств, естественных, дивных, бесконечных.

63. Ом-айшварья-виирья-киирти-шрии-гняана-вайраагья-вешмане намаха

…которая является воплощением владычества, отваги, славы, благости, знания и бесстрастия (шесть характеристик воплощения Бога).

64. Ом упаатта-баала-гопаала-веша-бхуушаа-вибхуутайе намаха

…которая приняла образ и явила качества Балы Гопалы (малыша Кришны).

65. Ом смера-снигдха-катаакшаайей намаха

…чьи взгляды полны нежности и любви.

66. Ом свайраадьюшита-ведайе намаха

...которая играючи ведет программы на сцене.

67. Ом пинча-кундала-манджиира-вамшикаа-кинкинии-бхрите намаха

...на которой красовались все украшения – перо павлина, серьги, браслеты – как на Кришне, и которая держала флейту, как Он.

68. Ом бхакта-локаакхилаа-бхиишта-пуурана-приинанетчхаве намаха

...которая рада угодить преданным, исполнив все их желания.

69. Ом питхааруудха-махаадевии-бхаава-бхаасвара-мууртайе намаха

...которая, сидя на питхе (Божественном сидении) в настроении Великой Божественной Матери, ослепительно великолепна.

70. **Ом бхуушанаамбара-веша-шрии-диипья-маанаанга-йаштайе намаха**
   …всё тело которой сияет, убранное украшениями и облаченное в великолепное платье, подобное одеянию Божественной Матери.

71. **Ом супрасанна-мукхаамбходжа-вараабхайяда-паанайе намаха**
   …чье лучезарное лицо светится, прекрасное, как цветок лотоса, и которая показывает рукой знак благословения.

72. **Ом кириита-рашанаакарна-пуура-сварна-патии-бхрите намаха**
   …на которой надеты всевозможные золотые украшения и корона, как на Божественной Матери.

73. **Ом джихва-лиидха-махаа-роги-биибхатса-вранита-тваче намаха**
   …которая лижет языком гнойные язвы людей, страдающих страшными недугами.

74. Ом тваг-рога-дхвамса-нишнаата-гаураангаапара-мууртайе намаха

...которая, как Шри Чайтанья, искусно врачует болезни кожи.

75. Ом-стейя-химсаа-сураапаанаа-дьяшешаадхарма-видвише намаха

...которая строго порицает плохие качества, такие как воровство, причинение другим вреда, употребление алкогольных напитков.

76. Ом тьяга-вайрагья-майтрийаади-сарва-садваасанаа-пуше намаха

...которая поощряет воспитание хороших качеств, таких как самоотречение, бесстрастие, любовь и т.д.

77. Ом паадаашрита-маноруудха-дуссамскаара-рахомуше намаха

...которая очищает от всех дурных склонностей сердца тех, кто нашел прибежище у Ее Лотосных Стоп.

78. **Ом према-бхакти-судхаасикта-саадху-читта-гухааджуше намаха**
...которая пребывает в тайнике сердца праведных, напитанных нектаром преданности.

79. **Ом судхаамани-махаа-наамне намаха**
...которая носит великое имя Судхамани.

80. **Ом субхаашита-судхаа-муче намаха**
...чья речь сладка как амброзия.

81. **Ом амритаананда-майяакхьяа-джанакарна-пута-сприше намаха**
...чье имя Амританандамайи звучит по всему миру.

82. **Ом дрипта-датта-вирактаайей намаха**
...которая безразлична к подношениям, сделанным тщеславными и увлеченными мирской суетой людьми.

83. **Ом намраарпита-бхубхукшаве намаха**
...которая принимает пищу, смиренно поднесенную преданными.

84. **Ом утсришта-бхоги-сангаайей намаха**
...которая не любит находиться в обществе искателей удовольствий.

85. **Ом йоги-санга-рирамсаве намаха**
…которая любит общество йогов.

86. **Ом абхинандита-даанаади-шубха-кармаа-бхивриддхайе намаха**
…которая вдохновляет на благие деяния, такие как благотворительность и т.д.

87. **Ом абхивандита-нишеша-стхира-джангама-сриштайе намаха**
…которую почитает всё сущее в мире – всё движущееся и неподвижное.

88. **Ом протсаахита-брахма-видьяа-сампрадаайя-правриттайе намаха**
…которая поощряет изучение Брахмавидьи, науки об Абсолюте, через традиционную преемственность Гуру – ученик.

89. **Ом пунар-аасаадита-шрештха-таповишина-вриттайе намаха**
…которая возродила великий образ жизни лесных мудрецов.

90. **Ом бхууйо-гурукулаа-вааса-шикшанотсука-медхасе намаха**
…которая хочет восстановить образовательную систему типа гурукула.

91. Ом анека-найштхика-брахмачаари-нирмаатри-ведхасе намаха
...которая является матерью великому множеству брахмачаринов.

92. Ом шишья-санкраамита-свиийя-проджвалат-брахма-варчасе намаха
...которая наделила Своих учеников Своим Божественным великолепием.

93. Ом антевааси-джанаашеша-чештаа-паатита-дриштайе намаха
...которая наблюдает за всеми действиями Своих учеников.

94. Ом мохаандха-каара-санчаари-локаа-нуграахи-рочише намаха
...которая радуется, благословляя миры, двигаясь подобно Божественному свету, рассеивая тьму.

95. Ом тама-клишта-мано-вришта-свапракааша-шубхаашише намаха
...которая проливает свет Своих благословений на сердца людей, страдающих во тьме неведения.

96. **Ом бхакта-шуддхаанта-рангастха-бхадра-диипа-шикхаа-твише намаха**

   ...которая – яркое пламя светильника, зажженного в чистом сердце преданных.

97. **Ом саприитхи-бхукта-бхактаугханьярпита-снеха-сарпише намаха**

   ... которой нравится пить гхи (масло), поднесенное преданными.

98. **Ом шишья-варья-сабхаа-мадхья-дхьяана-йога-видхитсаве намаха**

   ...которая любит медитировать вместе с учениками.

99. **Ом шашваллока-хитаачаара-магна-дехендрийяасаве намаха**

   ...чье тело и чувства всегда совершают действия на благо мира.

100. **Ом ниджа-пунья-прадаанаанья-паапаадаана-чикииршаве намаха**

   ...которая счастлива обменять Свои достоинства на чужие недостатки.

101. Ом пара-сварьяапана-свиийя-нарака-праапти-липсаве намаха
   …которая счастлива обменять рай на ад, чтобы принести облегчение ближним.

102. Ом ратхотсава-чалат-каньяа-кумаарии-мартья-мууртайе намаха
   …которая – Канья-Кумари (богиня мыса Коморин) в человеческом облике (и приходит к людям) как во время праздника колесницы.

103. Ом вимо-хаарнава-нирмагна-бхригу-кшетроджихииршаве намаха
   … которая радеет о духовном развитии Кералы, погруженной во тьму неведения.

104. Ом пунассантаа-нита-двайпаайяна-саткула-тантаве намаха
   …которая продлила великий род мудреца Веда-Вьясы.

105. Ом веда-шаастра-пураанэтихааса-шаашвата-бандхаве намаха
   …которая является вечным другом ведического знания и всех остальных духовных текстов.

106. Ом бригху-кшетра-самун-миилат-пара-дайвата-теджасе намаха
...которая являет Божественную славу пробуждающейся Кералы.

107. Ом девьей намаха
...которая является великой Божественной Матерью.

108. Ом премаамритаанандамайей нитьям намо намаха
...которая исполнена Божественной любви и бессмертного блаженства. Поклон вновь и вновь.

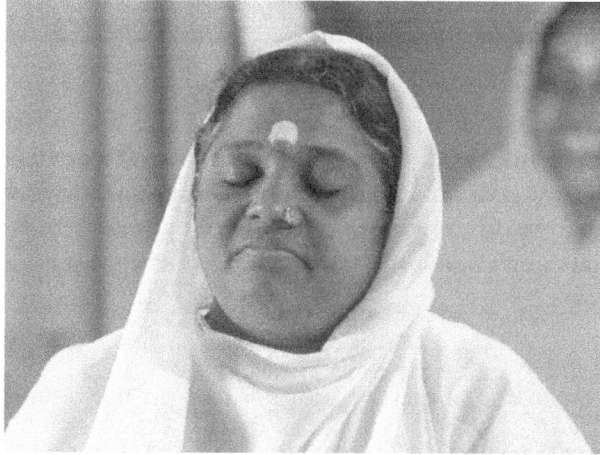

Шри Лалита Сахасранамавали

Тысяча имен Божественной Матери в форме мантр

Дхьянам

Медитативные стихи

Синдуураaруна виграхаам три найанаам мааникья маули спхурат тааранаайака шекхараам смита мукхиим аапиина вакшорухаам паанибхьяам алипуурна ратна чашакам рактотпалам бибхратиим саумьяам ратна гхатастха ракта чаранаам дхьяайет параам амбикаам

О Мать Амбика, я медитирую на Твой сияющий алый образ; на Тебя, трехокую, носящую сверкающую корону, украшенную драгоценными камнями и полумесяцем; манящую сладостной улыбкой; на Тебя, чья грудь наполнена материнской любовью; на Тебя, держащую в руках усыпанные драгоценностями чаши с красными лотосами, вокруг которых вьются пчелы; на Тебя, чьи алые лотосные стопы покоятся на золотом сосуде, наполненном драгоценностями.

Дхьяайет падмаасанастхаам викасита ваданаам падма
    патраайатаакшиим
хемаабхаам пиитавастраам кара калита ласад хема падмаам
    вараангиим
сарвааланкаара йуктаам сататам абхайадаам бхактанамраам
    бхавааниим
шрии видьяам шаанта мууртим сакала сура нутаам сарва сампат
    прадаатриим

О Мать, позволь мне созерцать Твой прекрасный образ, светящийся золотым сиянием, Твой лучезарный лик с глазами, подобными огромным лепесткам лотоса; Тебя, восседающую на цветке лотоса, облаченную в желтые одеяния, блистающую великолепными украшениями, держащую в руке золотистый цветок лотоса; Ту, которой поклоняются преданные и которая всегда дарует защиту! Позволь мне медитировать на Тебя, о Шри Видья, воплощающую безмятежность, почитаемую всеми богами и дарующую все возможные блага!

Сакункума вилепанаам алика чумби кастуурикаам
саманда хаситекшанаам сашара чаапа паашаанкушаам
ашеша джана мохиниим аруна маалья бхуушоджвалаам
джапаа кусума бхаасураам джапавидхау смаредамбикаам

О Мать Вселенной, во время произнесения мантры позволь мне помнить Тебя, красивую, как цветок гибискуса, украшенную красной гирляндой и сверкающими драгоценностями, умащенную красным шафраном; Тебя, у которой во лбу сияет отметка из мускуса, привлекающая своим ароматом пчел; Тебя, держащую лук и стрелы, аркан и стрекало, манящую ласковой улыбкой, бросающую нежные взгляды и очаровывающую всех!

Арунаам карунаа тарангитаакшиим
дхрита паашаанкуша пушпа баана чаапаам
анимаадибхир аавритаам майуукхей
рахам итьева вибхаавайе махешиим

О Великая Богиня, позволь мне в своем воображении слиться с Твоим прекрасным алым образом, окруженным золотым свечением от Анимы и других восьми божественных сил; с Тобой, держащей аркан и стрекало, лук и стрелы из цветов; с Тобой, в чьих глазах поднимаются волны сострадания!

Намавали

Поклон Деви, …

1. **Ом шрии маатре намаха**
    …благой Матери.

2. **Ом шрии махаа раагньей намаха**
    …повелительнице Вселенной.

3. **Ом шриимат симхаасанешварьей намаха**
    …царице, восседающей на великолепном троне.

4. **Ом чид агни кунда самбхуутаайей намаха**
    …рожденной в очаге Чистого Сознания.

5. **Ом дева каарья самудьятаайей намаха**
    …полной решимости осуществлять волю богов.

6. **Ом удьяд бхаану сахасраабхаайей намаха**
    …сияющей светом тысячи восходящих солнц.

7. **Ом чатур бааху саманвитаайей намаха**
...четырехрукой.

8. **Ом раага сваруупа паашаадхьяайей намаха**
...держащей в руке аркан любви.

9. **Ом кродхаа караанкуш оджвалаайей намаха**
...сияющей, возведя стрекало гнева.

10. **Ом мано руупекшу кодандаайей намаха**
...держащей в руке лук из сахарного тростника, который символизирует ум.

11. **Ом панча танмаатра саайакаайей намаха**
...держащей пять тонких элементов в виде стрел.

12. **Ом ниджааруна прабхаа пуура маджжад брахмаанда мандалаайей намаха**
...погружающей всю Вселенную в алое сияние, которое исходит от Ее облика.

13. **Ом чампакаашока пуннаага саугандхика ласат качаайей намаха**
...чьи волосы украшены цветами чампаки, ашоки, пуннаги и саугандхики.

14. **Ом курувинда мани шрении канат котиира мандитаайей намаха**
…увенчанной короной, которая сияет рядами красных рубинов.

15. **Ом аштамии чандра вибхрааджа далика стхала шобхитаайей намаха**
…чей лоб светится, словно полумесяц на восьмые лунные сутки.

16. **Ом мукха чандра каланкаабха мриганаабхи вишешакаайей намаха**
…чей лоб украшен отметкой из мускуса, сияющей подобно точке на луне.

17. **Ом вадана смара маангалья гриха торана чилликаайей намаха**
…чьи брови сияют, словно арочные врата, ведущие в дом Камы (бога любви), и чей лик так схож с очертаниями его дома.

18. **Ом вактра лакшмии париивааха чалан миинаабха лочанаайей намаха**
…чьи глаза блестят подобно рыбам, резвящимся в потоке красоты, исходящем от Ее лика.

19. **Ом нава чампака пушпаабха наасаа данда вирааджитаайей намаха**

   …чей прекрасный нос подобен только что распустившемуся цветку чампаки.

20. **Ом таараа каанти тираскаари наасаабхарана бхаасураайей намаха**

   …у которой ослепительно сверкает украшение носа, затмевающее блеск Венеры.

21. **Ом кадамба манджарии клрипта карнапуура манохараайей намаха**

   …пленительно красивой, с ушами, украшенными цветами кадамбы.

22. **Ом таатанка йугалии бхуута тапанодупа мандалаайей намаха**

   …чьи огромные серьги – солнце и луна.

23. **Ом падма раага шилаадарша парибхаави капола бхуве намаха**

   …чьи щеки прекраснее рубиновых зеркал.

24. **Ом нава видрума бимба шрии ньяккаари радана чхадаайей намаха**

    …чьи губы краше свежесрезанного коралла и ярко-красного плода бимбы.

25. **Ом шуддха видьяанкураакаара двиджа панкти двайоджвалаайей намаха**

    …чьи ослепительно сияющие зубы олицетворяют бутоны чистого знания.

26. **Ом карпуура виитикаамода самаакарши дигантараайей намаха**

    …наслаждающейся вкусом листа бетеля со специями, аромат которых притягивает людей отовсюду.

27. **Ом ниджа саллаапа маадхурья винирбхартсита качхапьей намаха**

    …чьи речи слаще, чем звуки вúны, на которой играет Сарасвати.

28. **Ом манда смита прабхаа пуура маджат каамеша маанасаайей намаха**

    ...погружающей даже ум Камеши (Шивы) в сияющее великолепие Своей улыбки.

29. **Ом анаакалита саадришья чибука шрии вирааджитаайей намаха**

    ...красота подбородка которой несравненна.

30. **Ом каамеша баддха маангалья суутра шобхита кандхараайей намаха**

    ...носящей на шее свадебную нить, повязанную Камешей.

31. **Ом канакаангада кейуура каманиийа бхуджаанвитаайей намаха**

    ...чьи восхитительные руки украшены золотыми браслетами.

32. Ом ратна грайвейа чинтаака лола муктаа пхалаанвитаайей намаха

...чья шея ослепительно сияет, украшенная драгоценным ожерельем с жемчужным медальоном.

33. Ом каамешвара према ратна мани пратипана станьей намаха

...дарящей свои груди Камешваре, который в ответ преподносит Ей драгоценный камень любви.

34. Ом наабхьялаваала ромаали латаа пхала куча двайей намаха

...чьи груди подобны плодам на лианах тонких волосков, берущих начало в углублении Ее пупка и восходящих ввысь.

35. Ом лакшья рома латаа дхааратаа сумуннейа мадхьямаайей намаха

... чья талия так тонка, что о ее существовании можно догадаться лишь по исходящим от нее волоскам-лианам.

36. **Ом стана бхаара далан мадхья патта бандха вали трайаайей намаха**

...имеющей три складки на животе, которые образуют пояс, поддерживая Ее поясницу, готовую согнуться под тяжестью Ее грудей.

37. **Ом арунааруна каусумбха вастра бхаасват катии татьей намаха**

...чьи бедра облачены в ярко-красные, словно восходящее солнце, одежды, окрашенные экстрактом из цветов сафлора.

38. **Ом ратна кинкиникаа рамья рашанаа даама бхуушитаайей намаха**

...украшенной поясом со множеством колокольчиков, усыпанных драгоценностями.

39. **Ом каамеша гняата саубхаагья маардавору двайаанвитаайей намаха**

...красота и мягкость бедер которой ведома только ее супругу Камеше.

40. Ом мааникья мукутаакаара джаану двайа вирааджитаайей намаха

…чьи колени имеют очертания, похожие на короны из красного драгоценного камня маникья (вид рубина).

41. Ом индра гопа парикшипта смара туунаабха джангхикаайей намаха

…чьи икры сверкают, словно украшенный драгоценностями колчан бога любви.

42. Ом гуудха гулпхаайей намаха

…чьи щиколотки скрыты.

43. Ом куурма приштха джайишну прападаанвитаайей намаха

…чьи своды стоп по своей плавности и красоте превосходят форму панциря черепахи.

44. Ом накха диидхити санчханна намаджана тамогунайей намаха

…ногти на лотосных стопах которой излучают сияние, рассеивающее тьму неведения преданных, склоняющихся к Ее стопам.

45. Ом пада двайа прабхаа джаала параакрита сарорухаайей намаха
...чьи стопы превосходят в своем сиянии даже цветы лотоса.

46. Ом шинджаана мани манджиира мандита шрии падаамбуджаайей намаха
...чьи священные лотосные стопы украшены сладостно звенящими золотыми браслетами, усыпанными драгоценностями.

47. Ом мараалии манда гаманаайей намаха
...чья походка плавна и изящна, словно лебединая.

48. Ом махаа лааванья шевадхайе намаха
...сокровищнице красоты.

49. Ом сарваарунаайей намаха
...алой с головы до пят.

50. Ом анавадьяангьеи намаха
...чье тело достойно поклонения.

51. Ом сарваабхарана бхуушитаайей намаха
...сияющей всевозможными украшениями.

52. Ом шива каамешвараанкастхаайей намаха
...сидящей на коленях у Шивы, который одержал верх над желаниями.

53. Ом шиваайей намаха
...дарующей благополучие.

54. Ом сваадхиина валлабхаайей намаха
...всегда господствующей над своим супругом.

55. Ом сумеру мадхья шрингастхаайей намаха
...находящейся на центральном пике горы Сумеру.

56. Ом шрииман нагара наайикаайей намаха
...повелительнице самого священного (процветающего) города.

57. Ом чинтаамани грихаантастхаайей намаха
...живущей во дворце из драгоценного камня Чинтамани, который исполняет желания.

58. **Ом панча брахмаасана стхитаайей намаха**
…сидящей на возвышении из пяти Брахм.

59. **Ом махаа падмаатавии самстхаайей намаха**
…пребывающей в величественном лотосном лесу.

60. **Ом кадамба вана ваасиньей намаха**
…живущей в кадамбовом лесу.

61. **Ом судхаа саагара мадхьястхаайей намаха**
…обитающей посреди нектарного океана.

62. **Ом каамаакшьей намаха**
…чьи глаза пробуждают желание (Освобождения), чьи глаза прекрасны.

63. **Ом каама даайиньей намаха**
…исполняющей все желания.

64. **Ом деварши гана сангхаата стууйамаанаатма вайбхаваайей намаха**
…чье могущество восхваляется множеством богов и мудрецов.

65. Ом бхандаасура вадходьюкта шакти сенаа саманвитаайей намаха

...обладающей армией шакти, готовой уничтожить асуру Бханду.

66. Ом сампаткарии самааруудха синдура враджа севитаайей намаха

...окруженной войском слонов, которым умело управляет Сампаткари.

67. Ом ашвааруудхаадхиштхитаашва коти котибхир аавритаайей намаха

...поддерживаемой конницей из нескольких миллионов лошадей под командованием шакти Ашварудхи.

68. Ом чакра рааджа ратхааруудха сарваайудха паришкритаайей намаха

...сияющей в Своей колеснице Чакрараджа, которая оснащена всеми видами оружия.

69. Ом гейя чакра ратхааруудха мантринии пари севитаайей намаха
…сопровождаемой шакти Мантрини, которая восседает на колеснице Гейя-чакра.

70. Ом кири чакра ратхааруудха данданаатхаа пурас критаайей намаха
…сопровождаемой шакти Данданатхой, которая восседает на колеснице Кири-чакра.

71. Ом джваалаа маалиникаакшипта вахни праакаара мадхьягаайей намаха
…находящейся в середине огненной крепости, которая создана богиней Джваламалини.

72. Ом бханда сайнья вадходьюкта шакти викрама харшитаайей намаха
…радующейся смелости своих шакти, которые полны решимости уничтожить армию асуры Бханды.

73. Ом нитьяа параакрамаатопа нириикшана самутсукаайей намаха

…восхищающейся силой и славой Своих божеств нитья.

74. Ом бханда путра вадходьюкта баалаа викрама нандитаайей намаха

…восхищающейся отвагой богини Балы, которая полна решимости уничтожить сыновей асуры Бханды.

75. Ом мантриньямбаа вирачита вишанга вадха тошитаайей намаха

…радующейся уничтожению демона Вишанги, которого победила в сражении шакти Мантрини.

76. Ом вишукра праана харана ваараахии виирья нандитаайей намаха

…восхищающейся доблестью Варахи, которая лишила жизни демона Вишукру.

77. **Ом каамешвара мукхаалока калпита шрии ганешвараайей намаха**

   ...создающей Ганешу, бросая взгляд в лицо Камешвары.

78. **Ом махаа ганеша нирбхинна вигхна йантра прахаршитаайей намаха**

   ...восторгающейся, когда Ганеша разрушает все препятствия.

79. **Ом бхандаасурендра нирмукта шастра пратьястра варшиньей намаха**

   ...отвечающей ливнем ракетных залпов на каждую ракету, выпущенную в Нее асурой Бхандой.

80. **Ом караангули накхотпанна наараайана дашаакритьей намаха**

   ...сотворившей все десять воплощений Нараяны (Вишну) из Своих ногтей.

81. **Ом махаа паашупатаастраагни нирдагдхаасура сайникаайей намаха**

   ...испепелившей армии демонов ракетой Махапашупата.

82. **Ом каамешвараастра нирдагдха сабхандаасура шууньякаайей намаха**

    ...уничтожившей асуру Бханду и его столицу Шуньяку в огне могущественной ракеты Камешвары.

83. **Ом брахмопендра махендраади дева самстута вайбхаваайей намаха**

    ...чьи многообразные силы восхваляются Брахмой, Вишну, Шивой и другими богами.

84. **Ом хара нетраагни сандагдха каама санджииванаушадхьей намаха**

    ...ставшей животворным лекарством для Камадевы (бога любви), который был испепелен огнем из глаза Шивы.

85. **Ом приимад ваагбхава куутайка сваруупа мукха панкаджаайей намаха**

    ...чей лотосный лик – это благоприятная вагбхава-кута (первая, состоящая из пяти слогов, часть панчадашакшари-мантры).

86. Ом кантхаадхах кати парьянта мадхья куута сваруупиньей намаха

…чье тело от шеи до талии – это форма мадхья-куты (средней, состоящей из шести слогов, части панчадашакшари-мантры).

87. Ом шакти куутайкатаапанна катьядхобхаага дхаариньей намаха

…чья форма ниже талии – это шакти-кута (последняя, состоящая из четырех слогов, часть панчадашакшари-мантры).

88. Ом муула мантраатмикаайей намаха

…являющейся воплощением мула-мантры (панчадашакшари-мантры).

89. Ом муула куута трайа калебараайей намаха

…чье (тонкое) тело состоит из трех частей панчадашакшари-мантры.

90. Ом кулаамритайка расикаайей намаха

…особенно любящей нектар, называемый кулой.

91. Ом кула санкета паалиньей намаха

…охраняющей свод обрядов пути йоги, известного как Кула.

92. Ом кулаанганаайей намаха
...рожденной в благородной семье.

93. Ом кулаантастхаайей намаха
...пребывающей в Кулавидье.

94. Ом каулиньей намаха
...принадлежащей Куле.

95. Ом кула йогиньей намаха
...являющейся божеством в Кулах.

96. Ом акулаайей намаха
...не имеющей семьи.

97. Ом самайаантастхаайей намаха
...находящейся внутри Самайи (внутреннего поклонения).

98. Ом самайаачаара татпараайей намаха
...любящей форму поклонения Самайя.

99. Ом муулаадхаарайка нилайаайей намаха
...чье основное место пребывания – Муладхара-чакра.

100. Ом брахма грантхи вибхединьей намаха
...разрывающей узел Брахмы.

101. Ом манипуураантар удитаайей намаха
...возникающей в Манипура-чакре.

102. Ом вишну грантхи вибхединьей намаха
...разрывающей узел Вишну.

103. Ом аагняа чакраантараалаастхаайей намаха
...находящейся в центре Аджна-чакры.

104. Ом рудра грантхи вибхединьей намаха
...разрывающей узел Шивы.

105. Ом сахасрааараамбуджаарруудхаайей намаха
...восходящей в тысячелепестковый лотос.

106. Ом судхаа саараабхи варшиньей намаха
…изливающей потоки амброзии.

107. Ом тадил латаа сама ручьей намаха
…прекрасной, как вспышка молнии.

108. Ом шат чакропари самстхитаайей намаха
…пребывающей над шестью чакрами.

109. Ом маха сактьей намаха
…находящей великую радость в священном союзе Шивы и Шакти.

110. Ом кундалиньей намаха
…имеющей форму спирали.

111. Ом биса танту таниийасьей намаха
…изящной и нежной, словно жилка лотоса.

112. Ом бхавааньей намаха
…супруге Шивы.

113. Ом бхааванаагамьяйей намаха
...недостижимой посредством воображения или мысли.

114. Ом бхававаранья кутхаарикаайей намаха
...расчищающей дремучие леса самсары подобно секире.

115. Ом бхадра прийаайей намаха
...любящей всё благоприятное, дарующей всё благоприятное.

116. Ом бхадра мууртайе намаха
...олицетворяющей благость (благожелательность).

117. Ом бхакта саубхаагья даайиньей намаха
...дарующей процветание тем, кто Ей предан.

118. Ом бхакти прийаайей намаха
...любящей преданность.

119. Ом бхакти гамьяайей намаха
...достижимой только преданностью.

120. Ом бхакти вашьяайей намаха
    ...которая может быть завоевана только преданностью.

121. Ом бхайаапахаайей намаха
    ...избавляющей от страхов.

122. Ом шаамбхавьей намаха
    ...супруге Шамбху (Шивы).

123. Ом шаарадаараадхьяайей намаха
    ...почитаемой Шарадой (Сарасвати, Богиня красноречия).

124. Ом шарваньей намаха
    ...супруге Шарвы (Шивы).

125. Ом шарма даайиньей намаха
    ...наделяющей счастьем.

126. Ом шаанкарьей намаха
    ...дарующей счастье.

127. Ом шриикарьей намаха
…щедро одаривающей богатством.

128. Ом саадхвьей намаха
…целомудренной.

129. Ом шарач чандра нибхаананаайей намаха
…чей лик сияет, подобно полной луне в чистом осеннем небе.

130. Ом шаатодарьей намаха
…обладающей тонкой талией.

131. Ом шаантиматьей намаха
…умиротворенной.

132. Ом нир аадхаараайей намаха
…независимой.

133. Ом нир анджанаайей намаха
…остающейся непривязанной, не связанной ни с чем.

134. Ом нир лепаайей намаха
…свободной от каких-либо загрязнений, порождаемых действиями.

135. Ом нирмалаайей намаха
…не запятнанной ничем нечистым.

136. Ом нитьяайей намаха
…вечной.

137. Ом нир аакаараайей намаха
…не имеющей формы.

138. Ом нир аакулаайей намаха
…безмятежной.

139. Ом нир гунаайей намаха
…находящейся за пределами трех природных гун: саттвы, раджаса и тамаса.

140. Ом ниш калаайей намаха
…не имеющей частей.

141. Ом шаантаайей намаха
…спокойной.

142. Ом ниш каамаайей намаха
…не имеющей желаний.

143. Ом нир упаплаваайей намаха
…неподвластной разрушению.

144. Ом нитья муктаайей намаха
…вечно свободной от мирских уз.

145. Ом нир викаараайей намаха
…неизменной.

146. Ом ниш прапанчаайей намаха
…находящейся за пределами этой Вселенной.

147. Ом нир аашрайаайей намаха
…ни от чего не зависящей.

148. Ом нитья шуддхаайей намаха
…вечно чистой

149. Ом нитья буддхаайей намаха
…вечно мудрой.

150. Ом нир авадьяайей намаха
…безупречной (достойной восхваления).

151. Ом нир антараайей намаха
…вездесущей.

152. Ом ниш кааранаайей намаха
…беспричинной.

153. Ом ниш каланкаайей намаха
…безукоризненной.

154. Ом нир упаадхайе намаха
…необусловленной (безграничной).

155. Ом нир иишвараайей намаха
...не имеющей повелителя или покровителя.

156. Ом нираагаайей намаха
...лишенной страстей.

157. Ом раага матханаайей намаха
...разрушающей желания (страсти).

158. Ом нир мадаайей намаха
...лишенной гордыни.

159. Ом мада наашиньей намаха
...сокрушающей гордыню.

160. Ом ниш чинтаайей намаха
...не испытывающей беспокойства по поводу чего бы то ни было.

161. Ом нир аханкаараайей намаха
...лишенной эгоизма (свободной от таких представлений, как «я» и «мое»).

162. Ом нир мохаайей намаха
свободной от заблуждений

163. Ом моха наашиньей намаха
...освобождающей Своих преданных от заблуждений.

164. Ом нир мамаайей намаха
...бескорыстной.

165. Ом маматаа хантрьей намаха
...разрушающей чувство своекорыстия.

166. Ом ниш паапаайей намаха
...безгрешной.

167. Ом паапа наашиньей намаха
...уничтожающей грехи Своих преданных.

168. Ом ниш кродхаайей намаха
...лишенной гнева.

169. **Ом кродха шаманьей намаха**
...усмиряющей гнев Своих преданных.

170. **Ом нир лобхаайей намаха**
...лишенной алчности.

171. **Ом лобха наашиньей намаха**
...избавляющей Своих преданных от алчности.

172. **Ом ни сампайаайей намаха**
...лишенной сомнений.

173. **Ом сампайа гхньей намаха**
...устраняющей все сомнения.

174. **Ом нир бхаваайей намаха**
...не вовлеченной в круговорот рождений и смертей.

175. **Ом бхава наашиньей намаха**
...избавляющей от страданий самсары (круговорота рождений и смертей).

176. Ом нир викальпаайей намаха
  ...лишенной ложных представлений.

177. Ом нир аабаадхаайей намаха
  ...свободной от всяких тревог.

178. Ом нир бхедаайей намаха
  ...находящейся за пределами различий.

179. Ом бхеда наашиньей намаха
  ...избавляющей Своих преданных от ощущения различности, порождаемого
  васанами (ментальными склонностями).

180. Ом нир наашаайей намаха
  ...бессмертной.

181. Ом мритью матханьей намаха
  ...освобождающей от смерти.

182. Ом ниш крийаайей намаха
  ...пребывающей в недеянии.

183. Ом ниш париграхаайей намаха

...ничего не принимающей и не приобретающей.

184. Ом нис тулаайей намаха

...несравненной, непревзойденной.

185. Ом ниила чикураайей намаха

...обладающей блестящими черными волосами.

186. Ом нир апаайаайей намаха

...непреходящей.

187. Ом нир атьяйаайей намаха

...нерушимой.

188. Ом дурлабхаайей намаха

...труднообретаемой.

189. Ом дургамаайей намаха

...труднодостижимой.

190. Ом дургаайей намаха
    …Богине Дурге.

191. Ом духкха хантрьей намаха
    …устраняющей страдания.

192. Ом сукха прадаайей намаха
    …дарующей счастье.

193. Ом душта дуураайей намаха
    …далекой от неправедных.

194. Ом дураачаара шаманьей намаха
    …искореняющей безнравственность.

195. Ом доша варджитаайей намаха
    …лишенной недостатков.

196. Ом сарва гняайей намаха
    …всеведущей.

197. Ом саандра карунаайей намаха
…проявляющей великое милосердие.

198. Ом самаанаадхика варджитаайей намаха
…не имеющей ни равных Ей, ни превосходящих Ее.

199. Ом сарва шакти майей намаха
…обладающей всеми божественными силами.

200. Ом сарва мангалаайей намаха
…являющейся источником всех благ.

201. Ом сад гати прадаайей намаха
…ведущей верным путем.

202. Ом сарвешварьей намаха
…правящей всем живым и неживым.

203. Ом сарва майей намаха
…присутствующей во всем живом и неживом.

204. Ом сарва мантра сваруупиньей намаха
…являющейся сутью всех мантр.

205. Ом сарва янтраатмикаайей намаха
…являющейся душой всех янтр.

206. Ом сарва тантра руупаайей намаха
…являющейся душой всех тантр.

207. Ом манонманьей намаха
…являющейся шакти (силой) Шивы.

208. Ом маахешварьей намаха
…супруге Махешвары.

209. Ом махаа девьей намаха
…обладающей необъятным телом.

210. Ом махаа лакшмьей намаха
…великой Богине Лакшми.

211. Ом мрида прийаайей намаха
    …возлюбленной Мриды (Шивы).

212. Ом махаа руупаайей намаха
    …принявшей величественный облик.

213. Ом махаа пуджьяайей намаха
    …являющейся самым великим объектом поклонения.

214. Ом махаа паатака наашиньей намаха
    …уничтожающей даже величайшие грехи.

215. Ом махаа маайаайей намаха
    …являющейся Великой Иллюзией.

216. Ом махаа саттваайей намаха
    …обладающей великой саттвой.

217. Ом махаа шактьей намаха
    …обладающей великой силой.

218. Ом махаа ратьей намаха
...являющейся источником безграничного восторга.

219. Ом махаа бхогаайей намаха
...владеющей великим богатством.

220. Ом махайшварьяайей намаха
...обладающей высшей властью.

221. Ом махаа виирьяайей намаха
...обладающей высшей доблестью.

222. Ом махаа балаайей намаха
...обладающей высшим могуществом.

223. Ом махаа буддхьей намаха
...обладающей высшей мудростью.

224. Ом махаа сиддхьей намаха
...наделенной высшими способностями (сиддхами).

225. Ом махаа йогешварешварьей намаха
...почитаемой величайшими йогами.

226. Ом махаа тантраайей намаха
...почитаемой великими тантрами, такими как Куларнава и Джанарнава.

227. Ом махаа мантраайей намаха
...величайшей из мантр.

228. Ом махаа йантраайей намаха
...пребывающей в форме великих янтр.

229. Ом махаасанаайей намаха
...восседающей на великих сидениях.

230. Ом махаа йаага крамаараадхьяайей намаха
...почитаемой посредством обряда махаяги.

231. Ом махаа бхайрава пууджитаайей намаха
...почитаемой даже Махабхайравой (Шивой).

232. Ом махешвара махаакальпа махаатаандава саакшиньей намаха
…наблюдающей великий танец под названием Тандава, который исполняет Махешвара (Шива) в конце большого цикла мироздания.

233. Ом махаа каамеша махишьей намаха
…великой царице Махакамешвары.

234. Ом махаа трипура сундарьей намаха
…великой Трипурасундари.

235. Ом чату шаштью пачаараадхьяайей намаха
…почитаемой в шестидесяти четырех обрядах.

236. Ом чату шашти калаа майей намаха
…воплощающей шестьдесят четыре искусства.

237. Ом махаа чату шашти коти йогинии гана севитаайей намаха
…сопровождаемой шестьюста сорока миллионами йогинь.

238. Ом ману видьяайей намаха
…являющейся воплощением Манувидьи.

239. Ом чандра видьяайей намаха
...являющейся воплощением Чандравидьи.

240. Ом чандра мандала мадхьягаайей намаха
...пребывающей в центре Чандрамандалы (лунного диска).

241. Ом чаару руупаайей намаха
...чья красота не угасает и не увядает.

242. Ом чаару хаасаайей намаха
...обладающей чарующей улыбкой.

243. Ом чаару чандра калаа дхараайей намаха
...украшенной прекрасным полумесяцем.

244. Ом чараачара джаган наатхаайей намаха
...правительнице живого и неживого миров.

245. Ом чакра рааджа никетанаайей намаха
...пребывающей в Шри-Чакре.

246. Ом паарватьей намаха

…Парвати, дочери Горы (Химавата, или Гималаев).

247. Ом падма найанаайей намаха

…чьи удлиненные глаза прекрасны, словно лепестки лотоса.

248. Ом падма раага сама прабхаайей намаха

…чей алый лик сияет, словно рубин.

249. Ом панча претаасанаасиинаайей намаха

…восседающей на возвышении из пяти мертвецов («мертвецы» – это Брахма, Вишну, Рудра, Ишвара и Садашива).

250. Ом панча брахма сваруупиньей намаха

…чья форма состоит из пяти Брахм.

251. Ом чинмайей намаха

…являющейся сознанием.

252. Ом парамаанандаайей намаха

…являющейся высшим блаженством.

253. Ом вигняна гхана руупиньей намаха
...являющейся воплощением всепроникающего Разума.

254. Ом дхьяана дхьяатри дхьейа руупаайей намаха
...сияющей как медитация, медитирующий и объект медитации.

255. Ом дхармаадхарма виварджитаайей намаха
...находящейся за пределами добродетели и порока.

256. Ом вишва руупаайей намаха
...чья форма – вся Вселенная.

257. Ом джаагариньей намаха
...принимающей форму дживы (воплощенной души), которая находится в состоянии бодрствования.

258. Ом свапантьей намаха
...принимающей форму дживы, которая находится в состоянии сна со сновидениями.

259. Ом тайджасаатмикаайей намаха

...являющейся душой дживы, которая пребывает в состоянии сна со сновидениями.

260. Ом суптаайей намаха

...принимающей форму дживы, которая находится в состоянии глубокого сна.

261. Ом праагняатмикаайей намаха

...неотделенной от дживы, которая находится в состоянии глубокого сна.

262. Ом турьйаайей намаха

...пребывающей в состоянии турьи (четвертом состоянии).

263. Ом сарваавастхаа виварджитаайей намаха

...пребывающей за пределами всяких состояний.

264. Ом сришти картрьей намаха

...созидающей.

265. Ом брахма руупаайей намаха

...существующей в форме Брахмы для создания Вселенной.

266. Ом гоптрьей намаха
…защищающей.

267. Ом говинда руупиньей намаха
…существующей в форме Говинды (Вишну) для сохранения Вселенной.

268. Ом самхаариньей намаха
…разрушающей Вселенную.

269. Ом рудра руупаайей намаха
…существующей в форме Рудры (Шивы) для растворения Вселенной.

270. Ом тиродхаана карьей намаха
…вызывающей исчезновение Вселенной.

271. Ом иишварьей намаха
…оберегающей всё и управляющей всем.

272. Ом садаа шиваайей намаха
…вечно дарующей благополучие, как Садашива.

273. Ом ануграха дайей намаха
...благословляющей.

274. Ом панча критья параайанаайей намаха
...посвящающей себя пяти действиям (упомянутым в вышеприведенных мантрах).

275. Ом бхаану мандала мадхьястхаайей намаха
...пребывающей в центре солнечного диска.

276. Ом бхайравьей намаха
...супруге Бхайравы (Шивы).

277. Ом бхага маалиньей намаха
...облаченной в гирлянду из шести благих качеств.

278. Ом падмаасанаайей намаха
...восседающей в цветке лотоса.

279. Ом бхагаватьей намаха
...защищающей тех, кто поклоняется Ей.

280. Ом падма наабха саходарьей намаха
...сестре того, у кого из пупка растет лотос (Вишну).

281. Ом унмеша нимишотпанна випанна бхуванаавальей намаха
...вызывающей появление и исчезновение миров открытием и закрытием глаз.

282. Ом сахасра шиирша ваданаайей намаха
...обладающей тысячей голов и ликов.

283. Ом сахасраакшьей намаха
...обладающей тысячей глаз.

284. Ом сахасра паде намаха
...обладающей тысячей ног.

285. Ом аабрахма кита джананьей намаха
...матери всего, от Брахмы до низшего насекомого.

286. Ом варнаашрама видхаайиньей намаха
...установившей общественный уклад и социальное деление.

287. Ом ниджаагняа руупа нигамаайей намаха

...чьи заповеди принимают форму Вед.

288. Ом пуньяапунья пхала прадаайей намаха

...наделяющей плодами праведных и неправедных деяний.

289. Ом шрути сииманта синдуурии крита паадаабджа дхууликаайей намаха

...пыль с лотосных стоп которой украшает алыми отметками проборы волос Шрути-деват (Вед, принявших облик богинь).

290. Ом сакалаагама сандоха шукти сампута мауктикаайей намаха

...жемчужине, заключенной в раковину из всех Священных Писаний.

291. Ом пурушаартха прадаайей намаха

...дарующей достижение (четырех) целей человеческой жизни.

292. Ом пуурнаайей намаха

...вечно полной, не подверженной развитию и упадку.

293. Ом бхогиньей намаха
...наслаждающейся.

294. Ом бхуванешварьей намаха
...владычице Вселенной.

295. Ом амбикаайей намаха
...Матери Вселенной.

296. Ом анаади нидханаайей намаха
...не имеющей ни начала, ни конца.

297. Ом хари брахмендра севитаайей намаха
...Той, которой служат Вишну, Брахма и Индра.

298. Ом наараайаньей намаха
...воплощающей женский аспект Нараяны.

299. Ом наада руупаайей намаха
...проявляющейся как звук.

300. Ом наама руупа виварджитаайей намаха
...не имеющей имени и формы.

301. Ом хриим каарьей намаха
...проявляющейся как слог «хриим».

302. Ом хрииматъей намаха
...наделенной скромностью.

303. Ом хридьяайей намаха
...пребывающей в сердце.

304. Ом хейопаадейа варджитаайей намаха
...которой нечего отвергать и принимать.

305. Ом рааджа рааджаарчитаайей намаха
...почитаемой царем царей.

306. Ом раагньей намаха
...Царице Шивы, Господина всех царей.

307. Ом рамьяайей намаха
…приводящей в восторг, восхитительной.

308. Ом рааджиива лочанаайей намаха
…чьи глаза прекрасны, подобно лепесткам лотоса, трепетны, подобно лани, блестящи, подобно рыбкам.

309. Ом ранджиньей намаха
…восхищающей ум.

310. Ом раманьей намаха
…доставляющей радость.

311. Ом расьяайей намаха
…чья сущность – то, чем следует наслаждаться; наслаждающейся.

312. Ом ранат кинкини мекхалаайей намаха
…носящей пояс со звенящими колокольчиками.

313. Ом рамаайей намаха
…ставшей Лакшми и Сарасвати.

314. Ом раакенду ваданаайей намаха
  …чей лик восхитителен, подобно полной луне.

315. Ом рати руупаайей намаха
  …существующей в форме Рати, супруги Камы.

316. Ом рати прийаайей намаха
  …любящей Рати; Той, кому служит Рати.

317. Ом ракшаа карьей намаха
  …дарующей защиту.

318. Ом раакшаса гхньей намаха
  …уничтожающей всех демонов.

319. Ом раамаайей намаха
  …приводящей в восторг.

320. Ом рамана лампатаайей намаха
  …преданной Господину Ее сердца, Шиве.

321. Ом каамьяайей намаха
…чья сущность – то, чего следует желать.

322. Ом каама калаа руупаайей намаха
…существующей в форме Камакалы.

323. Ом кадамба кусума прийаайей намаха
…особенно любящей цветы кадамбы.

324. Ом кальяаньей намаха
…ниспосылающей благо.

325. Ом джагатии кандаайей намаха
…корню всего мира.

326. Ом карунаа раса саагараайей намаха
…океану сострадания.

327. Ом калааватьей намаха
…воплощению всех искусств.

328. Ом калаалаапаайей намаха
...чья речь певуча и сладостна.

329. Ом каантаайей намаха
...прекрасной.

330. Ом каадамбарии прийаайей намаха
...любящей медовый напиток.

331. Ом варадаайей намаха
...щедро одаривающей благами.

332. Ом ваама найанаайей намаха
...чьи глаза прекрасны.

333. Ом ваарунии мада вихвалаайей намаха
...опьяненной варуни (священным напитком, блаженством).

334. Ом вишваадхикаайей намаха
...превосходящей Вселенную.

335. Ом веда ведьяайей намаха
...познаваемой через Веды.

336. Ом виндхьяачала ниваасиньей намаха
...живущей в горах Виндхья.

337. Ом видхаатрьей намаха
...создающей и поддерживающей эту Вселенную.

338. Ом веда джананьей намаха
...Матери Вед.

339. Ом вишну маайаайей намаха
...силе иллюзии Вишну.

340. Ом вилаасиньей намаха
...забавляющейся игрой.

341. Ом кшетра свaруупаайей намаха
...чье тело – материя.

342. Ом кшетрешьей намаха
…супруге Шивы, Властелина материи и тел всех существ.

343. Ом кшетра кшетрагня паалиньей намаха
…защищающей материю и ту, которая познаёт материю, то есть тело и душу.

344. Ом кшайа вриддхи винирмуктаайей намаха
…не подверженной развитию и упадку.

345. Ом кшетра паала самарчитаайей намаха
…почитаемой Кшетрапалой.

346. Ом виджайаайей намаха
…неизменно побеждающей.

347. Ом вималаайей намаха
…не затронутой ничем нечистым.

348. Ом вандьяайей намаха
…почитаемой, достойной поклонения.

349. Ом вандаару джана ватсалаайей намаха
...исполненной материнской любви к тем, кто поклоняется Ей.

350. Ом вааг ваадиньей намаха
...изрекающей мудрость.

351. Ом ваама кешьей намаха
...обладающей прекрасными волосами.

352. Ом вани мандала ваасиньей намаха
...пребывающей в огненной сфере.

353. Ом бхактимат кальпа латикаайей намаха
...являющейся лианой кальпа (деревом исполнения желаний) для Своих преданных.

354. Ом папу пааша вимочиньей намаха
...освобождающей от уз неведения.

355. Ом самхритаашеша паашандаайей намаха
...уничтожающей всех лжеучителей.

356. Ом садаачаара правартикаайей намаха
...ведущей (и вдохновляющей других вести) праведный образ жизни.

357. Ом таапа трайаагни сантапта самаахлаадана чандрикаайей намаха
...являющейся лунным светом, который дарует радость тем, кто горит в троекратном огне мучений.

358. Ом таруньей намаха
...вечно юной.

359. Ом таапасааараадхьяайей намаха
...почитаемой аскетами.

360. Ом тану мадхьяайей намаха
...обладающей тонкой талией.

361. Ом тамопахаайей намаха
...устраняющей неведение, порожденное тамасом.

362. Ом читьей намаха

...предстающей в форме чистого разума.

363. Ом тат пада лакшьяартхаайей намаха

...являющейся воплощением Истины («тат»).

364. Ом чид эка раса руупиньей намаха

...имеющей природу чистого разума, являющейся причиной знания.

365. Ом сваатмаанандалавии бхуута брахмаадьяананда сантатьей намаха

...чье блаженство превосходит блаженство Брахмы и других (существ).

366. Ом параайей намаха

...высшей, превосходящей всё.

367. Ом пратьяк читии руупаайей намаха

...чья природа – непроявленное сознание, или Брахман.

368. Ом пашьянтьей намаха
...являющейся вторым уровнем звука (после «пара», перед «мадхьяма» и «вайкари»).

369. Ом пара деватаайей намаха
...высшему Божеству, Парашакти.

370. Ом мадхья маайей намаха
...пребывающей посередине.

371. Ом вайкхарии руупаайей намаха
...существующей в форме проявленного звука.

372. Ом бхакта маанаса хамсикаайей намаха
...пребывающей словно лебедь в умах Своих преданных.

373. Ом каамешвара праана наадьей намаха
...являющейся самой жизнью Камешвары, Ее супруга.

374. Ом критагняайей намаха
...ведающей обо всех совершенных нами деяниях.

375. Ом каама пууджитаайей намаха
...почитаемой Камой.

376. Ом шрингаара раса сампуурнаайей намаха
...наполненной сутью любви.

377. Ом джайаайей намаха
...побеждающей всегда и везде.

378. Ом джааландхара стхитаайей намаха
...пребывающей в Джаландхара-питхе (Вишудхи-чакре).

379. Ом одьяана питха нилайаайей намаха
...пребывающей в центре, известном как Одьяна (Аджна-чакре).

380. Ом бинду мандала ваасиньей намаха
...пребывающей в бинду-мандале.

381. Ом рахо йаага крамаа раадхьяайей намаха
...тайно почитаемой посредством жертвенных обрядов.

382. Ом рахас тарпана тарпитаайей намаха
...Той, которую следует умилостивлять тайными обрядами почитания.

383. Ом садьях прасаадиньей намаха
...проявляющей Свою милость немедленно.

384. Ом вишва саакшиньей намаха
...наблюдающей за Вселенной.

385. Ом саакши варджитаайей намаха
...Той, за кем никто не наблюдает.

386. Ом шад анга деватаа йуктаайей намаха
...сопровождаемой божествами шести частей.

387. Ом шаад гунья пари пууритаайей намаха
...в полной мере обладающей шестью благими качествами.

388. Ом нитья клиннаайей намаха
...вечно исполненной сострадания.

389. Ом нирупамаайей намаха
...несравненной.

390. Ом нирваана сукха даайиньей намаха
...дарующей блаженство Освобождения.

391. Ом нитьяа шодашикаа руупаайей намаха
...существующей в форме шестнадцати богинь лунных фаз.

392. Ом шриикантхаардха шариириньей намаха
...воплотившейся в половине тела Шрикантхи (Шивы), проявленной в форме ардханаришвары (божество, в котором объединено мужское и женское начало).

393. Ом прабхааватьей намаха
...излучающей свет.

394. Ом прабхаа руупаайей намаха
...существующей в форме сияния.

395. Ом прасиддхаайей намаха
...прославленной.

396. Ом парамешварьей намаха
…наивысшей повелительнице.

397. Ом муула пракритьей намаха
…первопричине Вселенной.

398. Ом авьяктаайей намаха
…непроявленной.

399. Ом вьяктаавьякта сваруупиньей намаха
…существующей в формах проявленного и непроявленного.

400. Ом вьяапиньей намаха
…всеохватывающей.

401. Ом вивидхаакааераайей намаха
…обладающей множеством форм.

402. Ом видьяавидьяа сваруупиньей намаха
…существующей в форме знания и неведения.

403. Ом махаа каамеша найана кумудаахлаада каумудьей намаха
…лунному сиянию, радующему лотосы глаз Махакамеши.

404. Ом бхакта хаарда тамо бхеда бхаанумад бхаану сантатьей намаха
…солнечному лучу, рассеивающему тьму в сердцах Своих преданных.

405. Ом шива дуутьей намаха
…Той, для которой Шива – посланник.

406. Ом шиваараадхьяайей намаха
…которую почитает Шива.

407. Ом шива мууртьей намаха
…чья форма – Сам Шива.

408. Ом шиванкарьей намаха
…дарующей процветание (благополучие), превращающей Своего преданного в Шиву.

409. Ом шива прийаайей намаха
...возлюбленной Шивы.

410. Ом шива параайей намаха
...всецело преданной Шиве.

411. Ом шиштешттаайей намаха
...которую любят праведные, которая любит праведных.

412. Ом шишта пуудmeета pууджитаайей намаха
...всегда почитаемой праведными.

413. Ом апрамейаайей намаха
...непостижимой чувствами.

414. Ом свапракаашаайей намаха
...сияющей Своим светом.

415. Ом мано ваачаам агочараайей намаха
...пребывающей за пределами ума и речи.

416. Ом чичшактьей намаха
…силе сознания.

417. Ом четанаа руупаайей намаха
…чистому Сознанию.

418. Ом джада шактьей намаха
…майе, превратившейся в силу созидания.

419. Ом джадаатмикаайей намаха
…проявляющейся в форме неодушевленного мира.

420. Ом гаайатрьей намаха
…являющейся Гаятри-мантрой.

421. Ом вьяахритьей намаха
…чья природа раскрывается через изречения; покровительствующей речевой способности.

422. Ом сандхьяайей намаха
…существующей в форме сумерек.

423. Ом двиджа вринда нишевитаайей намаха
...почитаемой дваждырожденными.

424. Ом таттваасанаайей намаха
...чье сидение образовано таттвами (вселенскими категориями); пребывающей в таттве.

425. Ом тасмай намаха
...подразумеваемой под словом «То» – Высшая Истина, Брахман.

426. Ом тубхьям намаха
...называемой «Ты».

427. Ом аййей намаха
...дорогой Матери.

428. Ом панча кошаантара стхитаайей намаха
...пребывающей внутри пяти оболочек.

429. Ом нихсиима махимне намаха
...чья слава безгранична.

430. Ом нитья йауванаайей намаха
…вечно юной.

431. Ом мада шаалиньей намаха
…сияющей, пребывая в состоянии упоения или опьянения.

432. Ом мада гхуурнита рактаакшьей намаха
…чьи покрасневшие глаза обращены внутрь в духовном экстазе.

433. Ом мада паатала ганда бхуве намаха
…чьи щеки пылают от упоения.

434. Ом чандана драва дигдхаангъей намаха
…чье тело умащено сандаловой пастой.

435. Ом чаампейа кусума прийаайей намаха
…особенно любящей цветы чампаки.

436. Ом кушалаайей намаха
…искусной.

437. Ом комалаакаараайей намаха
...изящной.

438. Ом курукуллаайей намаха
...шакти Курукулле.

439. Ом кулешварьей намаха
...повелительнице Кулы (триады: знающий, познаваемое, знание).

440. Ом кула кундаалайаайей намаха
...пребывающей в Кулакунде (центре Муладхара-чакры).

441. Ом каула маарга татпара севитаайей намаха
...почитаемой последователями традиции Каула.

442. Ом кумаара гананаатхаамбаайей намаха
...Матери Субрахманьи и Ганеши.

443. Ом туштьей намаха
...всегда удовлетворенной.

444. Ом пуштьей намаха
...проявляющейся как сила питания.

445. Ом матьей намаха
...проявляющейся как разумность.

446. Ом дхритьей намаха
...проявляющейся как стойкость.

447. Ом шаантьей намаха
...проявляющейся как спокойствие.

448. Ом свасти матьей намаха
...Высшей Истине.

449. Ом каантьей намаха
...свету.

450. Ом нандиньей намаха
...Той, которая дарует восторг.

451. Ом вигхня наашиньей намаха
…Той, которая устраняет все препятствия.

452. Ом теджоватьей намаха
…лучезарной.

453. Ом три найанаайей намаха
…чьи три глаза – солнце, луна и огонь.

454. Ом лолаакшии каама руупиньей намаха
…проявляющейся как любовь в женщинах.

455. Ом маалиньей намаха
…украшенной гирляндами.

456. Ом хамсиньей намаха
…неотделимой от йогов, достигших великих духовных высот.

457. Ом маатре намаха
…Матери Вселенной.

458. Ом малайаачала ваасиньей намаха
...живущей на горе Малайя.

459. Ом сумукхьей намаха
...прекрасноликой.

460. Ом налиньей намаха
...чье тело нежно и красиво как лепестки лотоса.

461. Ом субхруве намаха
...чьи брови восхитительны.

462. Ом шобханаайей намаха
...вечно излучающей свет.

463. Ом суранаайикаайей намаха
...предводительнице богов.

464. Ом каалакантхьей намаха
...супруге темношеего Шивы.

465. Ом каанти матьей намаха
...исполненной сияния.

466. Ом кшобхиньей намаха
...создающей волнение в уме.

467. Ом суукшма руупиньей намаха
...чья форма слишком тонка для восприятия органами чувств.

468. Ом ваджрешварьей намаха
...шестой богине лунных суток, Ваджрешвари.

469. Ом ваама девьей намаха
...супруге Вамадевы (Шивы).

470. Ом вайовастхаа виварджитаайей намаха
...не подверженной изменениям, вызываемым возрастом и временем.

471. Ом сиддхешварьей намаха
...Богине, почитаемой духовными подвижниками.

472. Ом сиддха видьяайей намаха
…проявляющейся в форме пятнадцатислоговой мантры.

473. Ом сиддха маатре намаха
…Матери Сиддхов (тех, кто отрекся от мирских привязанностей).

474. Ом йашасвиньей намаха
…прославленной.

475. Ом вишуддхи чакра нилайаайей намаха
…пребывающей в Вишудхи-чакре.

476. Омааракта варнаайей намаха
…розовой.

477. Ом три лочанаайей намаха
…трехокой.

478. Ом кхатваангаади прахаранаайей намаха
…вооруженной палицей и другими видами оружия.

479. Ом ваданайка саманвитаайей намаха
...одноликой.

480. Ом паайасаанна прийаайей намаха
...особенно любящей сладкий рис.

481. Ом твакстхаайей намаха
...божеству органа осязания (кожи).

482. Ом пашу лока бхайанкарьей намаха
...вселяющей ужас в смертных существ, которые связаны мирским существованием.

483. Ом амритаади махаашакти самвритаайей намаха
...окруженной Амритой и другими шакти.

484. Ом даакиниишварьей намаха
...божеству Дакини, описанному в предыдущих девяти именах.

485. Ом анаахатаабджа нилайаайей намаха
...пребывающей в сердце, в лотосе анахаты.

486. Ом шьяамаабхаайей намаха
...черной.

487. Ом вадана двайаайей намаха
...двуликой.

488. Ом дамштродживалаайей намаха
...со сверкающими клыками.

489. Ом акша маалаади дхараайей намаха
...носящей гирлянды из рудракши и другие украшения.

490. Ом рудхира самстхитаайей намаха
...покровительствующей крови живых существ.

491. Ом каала раатрьяади шактьяугха вритаайей намаха
...окруженной Каларатри и другими шакти.

492. Ом снигдхаудана прийаайей намаха
...любящей подношения пищи, которые содержат масло гхи и другие жиры.

493. Ом махаа виирендра варадаайей намаха
...благословляющей великих воинов.

494. Ом раакиньямбаа сваруупиньей намаха
...проявляющейся в форме Матери Ракини, описанной в предыдущих девяти именах.

495. Ом манипуурааблджа нилайаайей намаха
...пребывающей в десятилепестковом лотосе, в Манипура-чакре.

496. Ом вадана трайя самьютаайей намаха
...трехликой.

497. Ом ваджраади каайудхопетаайей намаха
...обладающей ваджрой (молнией) и прочим оружием.

498. Ом даамарьядибхир ааврилтаайей намаха
...окруженной Дамари и другими служащими Ей божествами.

499. Ом ракта варнаайей намаха
...красной.

500. Ом маамса ништхаайей намаха
…покровительствующей плоти живых существ.

501. Ом гудаанна приита маанасаайей намаха
…любящей подношения пищи из сладкого риса, приготовленного с сахаром-сырцом.

502. Ом самаста бхакта сукхадаайей намаха
…дарующей счастье Своим преданным.

503. Ом лаакиньямбаа свaруупиньей намаха
…проявляющейся в форме Матери Лакини, описанной в предыдущих восьми именах.

504. Ом сваадхиштхаанаамбуджа гатаайей намаха
…пребывающей в шестилепестковом лотосе, в Свадхистхана-чакре.

505. Ом чатур вактра манохараайей намаха
…обладающей четырьмя прекрасными ликами.

506. Ом шуулаадьяайудха сампаннаайей намаха
…владеющей трезубцем и другим оружием (аркан, череп и абхайя).

507. Ом пиита варнаайей намаха
...желтой.

508. Ом ати гарвитаайей намаха
...гордящейся (Своим оружием и пленительной красотой).

509. Ом медо ништхаайей намаха
...находящейся в жировой ткани живых существ.

510. Ом мадху приитаайей намаха
...любящей мед и другие подношения пищи с медом.

511. Ом бандхиньяади саманвитаайей намаха
...сопровождаемой Бандхини и другими шакти.

512. Ом дадхьяннаасакта хридайаайей намаха
...особенно любящей подношения, приготовленные из простокваши.

513. Ом каакинии руупа дхаариньей намаха
...проявляющейся в форме Какини-йогини, описанной в предыдущих десяти именах.

514. Ом муулаадхаараамбуджааруудхаайей намаха
...пребывающей в лотосе Муладхара-чакры.

515. Ом панча вактраайей намаха
...пятиликой.

516. Ом астхи самстхитаайей намаха
...находящейся в костной ткани.

517. Ом анкушаади прахаранаайей намаха
...держащей стрекало и другие виды оружия.

518. Ом варадаади нишевитаайей намаха
...Той, которой служат Варада и другие шакти.

519. Ом мудгауданаасакта читтаайей намаха
...особенно любящей подношения пищи из бобов мунг.

520. Ом саакиньямбаа сваруупиньей намаха
...проявляющейся в форме Матери Сакини, описанной в предыдущих шести именах.

521. Ом аагняа чакраабджа нилайаайей намаха
...пребывающей в двухлепестковом лотосе, в Аджна-чакре.

522. Ом шукла варнаайей намаха
...белой.

523. Ом шад аананаайей намаха
...шестиликой.

524. Ом маджаа самстхаайей намаха
...божеству, покровительствующему костному мозгу.

525. Ом хамса ватии мукхья шакти саманвитаайей намаха
...сопровождаемой шакти Хамсавати и Кшамавати.

526. Ом харидрааннайка расикаайей намаха
...любящей пищу, приготовленную с куркумой.

527. Ом хаакинии руупа дхаариньей намаха
...проявляющейся в форме Хакини-Деви, описанной в предыдущих шести
именах.

528. Ом сахасра дала падмастхаайей намаха
...пребывающей в тысячелепестковом лотосе.

529. Ом сарва варнопашобхитаайей намаха
...сияющей оттенками множества цветов.

530. Ом сарваайудха дхараайей намаха
...держащей всевозможные виды оружия.

531. Ом шукла самстхитаайей намаха
...находящейся в сперме.

532. Ом сарватомукхьей намаха
...чьи лики обращены во всех направлениях.

533. Ом сарваудана приита читтаайей намаха
...довольной подношениями любой пищи.

534. Ом йаакиньямбаа сваруупиньей намаха
...проявляющейся в форме Якини-йогини, описанной в предыдущих шести именах.

535. Ом сваахаайей намаха

...призываемой словом «сваха» в конце мантр, которые произносятся при совершении подношений огню в ходе обрядов, известных как яги.

536. Ом свадхаайей намаха

...призываемой словом «свадха» в конце мантр, которые произносятся при совершении подношений предкам.

537. Ом аматьей намаха

...пребывающей в форме неведения.

538. Ом медхаайей намаха

...пребывающей в форме мудрости (знания).

539. Ом шрутьей намаха

...пребывающей в форме Вед.

540. Ом смритьей намаха

...пребывающей в форме смрити (писаний, основанных на Ведах).

541. Ом ануттамаайей намаха

...лучшей, непревзойденной.

542. Ом пунья кииртьей намаха
…чья слава священна (освящает всякого, кто помнит о ней и распространяет ее).

543. Ом пунья лабхьяайей намаха
…достигаемой только праведными душами.

544. Ом пунья шравана кииртанаайей намаха
…дарующей заслуги тем, кто слушает о Ней и восхваляет Ее.

545. Ом пуломаджаарчитаайей намаха
…почитаемой Пуломаджей, супругой Индры.

546. Ом бандха мочиньей намаха
…свободной от уз, освобождающей от уз.

547. Ом барбараалакаайей намаха
…чьи волосы ниспадают вьющимися локонами.

548. Ом вимарша руупиньей намаха
…проявляющейся в форме Вимарши.

549. Ом видьяайей намаха
...проявляющейся в форме знания.

550. Ом вийадаади джагат прасуве намаха
...Матери Вселенной, состоящей из эфира и других элементов.

551. Ом сарва вьяадхи прашаманьей намаха
...устраняющей все болезни и горести.

552. Ом сарва мритью ниваариньей намаха
...оберегающей Своих преданных от любых видов смерти.

553. Ом агра ганьяайей намаха
...первостепенной.

554. Ом ачинтья руупаайей намаха
...существующей в форме, непостижимой с помощью мысли.

555. Ом кали калмаша наашиньей намаха
...уничтожающей грехи века Кали.

556. Ом каатьяайаньей намаха
…дочери мудреца Каты.

557. Ом каала хантрьей намаха
…устраняющей время (смерть).

558. Ом камалаакша нишевитаайей намаха
…Той, в ком Вишну находит прибежище.

559. Ом таамбуула пуурита мукхьей намаха
…Той, чей рот наполнен бетелем.

560. Ом даадимии кусума прабхаайей намаха
…излучающей сияние подобно цветку граната.

561. Ом мригаакшьей намаха
…чьи миндалевидные глаза прекрасны, подобно глазам лани.

562. Ом мохиньей намаха
…очаровывающей.

563. Ом мукхьяайей намаха
...первой.

564. Ом мридааньей намаха
...супруге Мриды (Шивы).

565. Ом митра руупиньей намаха
...другу каждого и всей Вселенной.

566. Ом нитья триптаайей намаха
...неизменно удовлетворенной.

567. Ом бхакта нидхайе намаха
...сокровищу преданных.

568. Ом нийантрьей намаха
...управляющей всеми существами и направляющей их по правильному пути.

569. Ом никхилешварьей намаха
...правительнице, господствующей над всем.

570. Ом майтрьяади ваасанаа лабхьяайей намаха
...достигаемой любовью и другими благими наклонностями.

571. Ом махаа пралайа саакшиньей намаха
...наблюдающей Великое Растворение.

572. Ом параашактией намаха
...изначальной, Высшей Силе.

573. Ом параа ништхаайей намаха
...являющейся Высшей Целью, высшим прибежищем.

574. Ом прагняана гхана руупиньей намаха
...существующей в форме сгустка чистого знания.

575. Ом маадхвии паанааласаайей намаха
...бесстрастной; томной от испитого вина.

576. Ом маттаайей намаха
...опьяненной.

577. Ом маатрикаа варна руупиньей намаха
...существующей в форме букв алфавита.

578. Ом махаа кайлааса нилайаайей намаха
...живущей на величественной горе Кайлас.

579. Ом мринаала мриду дор латаайей намаха
...чьи руки нежны и прохладны подобно стеблям лотоса.

580. Ом маханиийаайей намаха
...восхитительной.

581. Ом дайаа мууртьей намаха
...воплощению милосердия.

582. Ом махаа саамраадджья шаалиньей намаха
...управляющей великой империей трех миров.

583. Ом аатма видьяайей намаха
...воплощающей знание об Атмане (истинном «Я»).

584. Ом махаа видьяайей намаха
...являющейся вместилищем высшего знания, знания об Атмане.

585. Ом шрии видьяайей намаха
...являющейся священным знанием.

586. Ом каама севитаайей намаха
...почитаемой Камадевой (богом любви).

587. Ом шрии шодашаакшарии видьяайей намаха
...существующей в форме шестнадцатислоговой мантры.

588. Ом трикуутаайей намаха
...состоящей из трех частей.

589. Ом каама котикаайей намаха
...одна из частей которой – Кама (Шива).

590. Ом катаакша кинкарии бхуута камалаа коти севитаайей намаха
...сопровождаемой миллионами Лакшми, покоренными одним лишь Ее мимолетным взглядом.

591.Ом шира стхитаайей намаха
...пребывающей в голове.

592. Ом чандра нибхаайей намаха
...сияющей подобно луне.

593. Ом бхааластхаайей намаха
...пребывающей в области лба (между бровями).

594. Ом индра дханух прабхаайей намаха
...сияющей, подобно радуге.

595. Ом хридайастхаайей намаха
...пребывающей в сердце.

596. Ом рави пракхьяайей намаха
...светящейся особенным блеском солнца.

597. Ом триконаантара диипикаайей намаха
...сияющей светом внутри треугольника.

598. Ом даакшаайаньей намаха
...Сатидеви, дочери Дакша Праджапати.

599. Ом дайтья хантрьей намаха
...сокрушительнице демонов.

600. Ом дакша йагня винаашиньей намаха
...устранившей церемонию жертвоприношения, которую совершал Дакша.

601. Ом дараандолита дииргхаакшьей намаха
...Той, чьи миндалевидные глаза трепетны.

602. Ом дара хаасоджвалан мукхьей намаха
...чье лицо излучает улыбку.

603. Ом гуру муртьей намаха
...принявшей суровую форму; принявшей форму гуру.

604. Ом гуна нидхайе намаха
...сокровищнице благих качеств.

605. Ом го маатре намаха
...ставшей Сурабхи – коровой, исполняющей все желания.

606. Ом гуха джанма бхуве намаха
...Матери Гухи (Субрахманьи).

607. Ом девешьей намаха
...покровительнице богов.

608. Ом данда ниитистхаайей намаха
...поддерживающей и безошибочно применяющей закон справедливости.

609. Ом дахараакааша руупиньей намаха
...являющейся тонким «Я», которое пребывает в сердце.

610. Ом пратипан мукхья раакаанта титхи мандала пууджитаайей намаха
...почитаемой ежедневно, с пратипада (первого лунного дня) до полнолуния.

611. Ом калаатмикаайей намаха
...пребывающей в форме кал (частей).

612. Ом калаа наатхаайей намаха
...владычице всех кал.

613. Ом каавьяалаапа винодиньей намаха
...наслаждающейся языком поэзии.

614. Ом сачаамара рамаа ваании савья дакшина севитаайей намаха
...сопровождаемой Лакшми (с левой стороны) и Сарасвати (с правой стороны), которые обвевают Ее опахалами.

615. Ом аадипактьей намаха
...изначальной Силе, первой шакти, являющейся причиной возникновения Вселенной.

616. Ом амейаайей намаха
...неизмеримой.

617. Ом аатмане намаха
...являющейся Атманом – истинной сущностью всех .

618. Ом парамаайей намаха
...наивысшей.

619. Ом пааванаакритайе намаха
…проявленной в священной форме.

620. Ом анека коти брахмаанда джананьей намаха
…создательнице многих миллионов миров.

621. Ом дивья виграхаайей намаха
…чье тело божественно.

622. Ом клиимкаарьей намаха
…создавшей слог «клиим».

623. Ом кевалаайей намаха
…являющейся абсолютом; полной, независимой и лишенной каких-либо качеств.

624. Ом гухьяайей намаха
…познаваемой сокровенно.

625. Ом кайвалья пада даайиньей намаха
…дарующей Освобождение.

626. Ом трипураайей намаха
  ...существовавшей прежде Триады.

627. Ом триджагад вандьяайей намаха
  ...почитаемой обитателями всех трех миров.

628. Ом три мууртьей намаха
  ...воплощающей Троицу (Брахма, Вишну, Шива).

629. Ом тридашешварьей намаха
  ...повелительнице богов.

630. Ом трьякшарьей намаха
  ...существующей в форме трех букв или слогов.

631. Ом дивья гандхаадхьяайей намаха
  ...источающей божественное благоухание.

632. Ом синдуура тилакаанчитаайей намаха
  ...сияющей, с красной тилакой на лбу.

633. Ом умаайей намаха
...Парвати-Деви.

634. Ом шайлендра танайаайей намаха
...дочери царя гор Химавата.

635. Ом гаурьей намаха
...светлоликой.

636. Ом гандхарва севитаайей намаха
...которой служат гандхарвы (небесные музыканты).

637. Ом вишва гарбхаайей намаха
...заключающей в Своем лоне всю Вселенную.

638. Ом сварна гарбхаайей намаха
...являющейся причиной возникновения Вселенной.

639. Ом аварадаайей намаха
...уничтожающей нечестивых демонов.

640. Ом вааг адхиишварьей намаха
...покровительствующей речи.

641. Ом дхьяана гамьяайей намаха
...постигаемой посредством медитации.

642. Ом апари чхедьяайей намаха
...чьи границы невозможно установить.

643. Ом гняанадаайей намаха
...дающей Высшее Знание.

644. Ом гняана виграхаайей намаха
...воплощающей Знание.

645. Ом сарва ведаанта самведьяайей намаха
...провозглашаемой всей Ведантой.

646. Ом сатьяананда сваруупиньей намаха
...проявляющейся в форме бытия и блаженства.

647. Ом лопаамудраарчитаайей намаха
   …почитаемой Лопамудрой, супругой мудреца Агастьи.

648. Ом лиилаа клрипта брахмаанда мандалаайей намаха
   …Той, для которой создание и поддержание Вселенной всего лишь игра.

649. Ом адришьяайей намаха
   …не воспринимаемой органами чувств.

650. Ом дришья рахитаайей намаха
   …которой нечего видеть.

651.Ом вигняатрьей намаха
   …знающей истину о материальной Вселенной.

652. Ом ведья варджитаайей намаха
   …которой нечего познавать.

653. Ом йогиньей намаха
   …постоянно пребывающей в союзе с Парашивой; обладающей силой йоги.

654. Ом йогадаайей намаха
…дарующей силу йоги.

655. Ом йогъяайей намаха
…являющейся целью йоги любого вида.

656. Ом йогаанандаайей намаха
…являющейся блаженством, обретаемым через йогу; наслаждающейся блаженством йоги.

657. Ом йугандхараайей намаха
…носительнице юг (эпох).

658. Ом иччхаа шакти гняанана шакти крийаа шакти сваруупиньей намаха
…проявляющейся в форме силы воли, знания и действия.

659. Ом сарваадхаараайей намаха
…являющейся опорой всего.

660. Ом супратиштхаайей намаха
...прочно утвердившейся.

661. Ом сад асад руупа дхаариньей намаха
...принимающей формы бытия и небытия (сат и асат).

662. Ом ашта мууртьей намаха
...имеющей восемь форм.

663. Ом аджаа джайтрьей намаха
...побеждающей неведение.

664. Ом лока йаатраа видхаайиньей намаха
...направляющей движение миров.

665. Ом экаакиньей намаха
...одной единственной.

666. Ом бхуума руупаайей намаха
...являющейся совокупностью всего сущего.

667. Ом нир двайтаайей намаха
…лишенной чувства двойственности.

668. Ом двайта варджитаайей намаха
…находящейся за пределами двойственности.

669. Ом аннадаайей намаха
…дающей пищу всем живым существам.

670. Ом васудаайей намаха
…дарующей богатство.

671. Ом вриддхаайей намаха
…древней.

672. Ом брахмаатмайкья сваруупиньей намаха
…чья природа – союз Брахмана и Атмана.

673. Ом брихатьей намаха
…необъятной.

674. Ом браахманьей намаха
…в которой преобладает саттвичность.

675. Ом браахмьей намаха
…покровительствующей языкам.

676. Ом брахмаанандаайей намаха
…вечно погруженной в блаженство Брахмана.

677. Ом бали прийаайей намаха
…любящей жертвоприношения.

678. Ом бхаашаа руупаайей намаха
…существующей в форме языка.

679. Ом брихат сенаайей намаха
…имеющей огромную армию.

680. Ом бхаавaaбхаава вaaрджитаайей намаха
…пребывающей вне бытия и небытия.

681. **Ом сукхаараадхьяайей намаха**
...легко почитаемой.

682. **Ом шубха карьей намаха**
...творящей благо.

683. **Ом шобханаа сулабхаа гатьей намаха**
...постигаемой светлым и легким путем.

684. **Ом рааджа рааджешварьей намаха**
...повелительнице царей и императоров.

685. **Ом рааджья даайиньей намаха**
...дающей власть.

686. **Ом рааджья валлабхаайей намаха**
...защищающей все владения.

687. **Ом рааджат крипаайей намаха**
...Той, чье сострадание покоряет каждого.

688. Ом рааджа пиитха нивешита ниджаашритаайей намаха
 …возводящей на царские престолы тех, кто нашел в Ней прибежище.

689. Ом рааджья лакшмьей намаха
 … являющейся воплощением мирового процветания.

690. Ом коша наатхаайей намаха
 …владычице Сокровищницы.

691. Ом чатур анга балешварьей намаха
 …повелевающей армиями четырех видов.

692. Ом саамрааджжья даайиньей намаха
 …дарующей императорское господство.

693. Ом сатья сандхаайей намаха
 …приверженной истине, поддерживающей истину.

694. Ом саагара мекхалаайей намаха
 …опоясанной океанами.

695. Ом диикшитаайей намаха
...верной обету.

696. Ом дайтья шаманьей намаха
...уничтожающей демонов, злые силы.

697. Ом сарва лока вашанкарьей намаха
...держащей все миры под Своим контролем.

698. Ом сарваартха даатрьей намаха
...дарующей исполнение всех желаний.

699. Ом саавитрьей намаха
...созидательной силе Вселенной.

700. Ом сат чид аананда руупиньей намаха
...чья природа – бытие, сознание, блаженство.

701. Ом деша каалаапаричхиннаайей намаха
...не ограниченной (не измеримой) временем и пространством.

702. Ом сарвагаайей намаха
...вездесущей, пронизывающей все миры и всех существ.

703. Ом сарва мохиньей намаха
...вводящей всех в заблуждение.

704. Ом сарасватьей намаха
...существующей в форме знания.

705. Ом шаастрамайей намаха
...существующей в форме Священных Писаний; чьи части тела – Священные Писания.

706. Ом гухаамбаайей намаха
...Матери Субрахманьи, пребывающей в сокровенном пространстве сердца.

707. Ом гухья руупиньей намаха
...существующей в сокровенной форме.

708. Ом сарвопаадхи винирмуктаайей намаха
...свободной от любых ограничений.

709. Ом садаашива пативратаайей намаха
...преданной супруге Садашивы.

710. Ом сампрадаайешварьей намаха
...хранительнице священных традиций.

711. Ом саадхуне намаха
...утвержденной в равновесии.

712. Ом йаи намаха
...воплощенной в слоге «ии».

713. Ом гуру мандала руупиньей намаха
...воплощающей в Себе линию преемственности гуру.

714. Ом кулоттиирнаайей намаха
...превосходящей сферу чувств.

715. Ом бхагаараадхьяайей намаха
...почитаемой в солнечном диске.

716. Ом маайаайей намаха
    ...являющейся иллюзией.

717. Ом мадхуматьей намаха
    ...сладостной как мёд.

718. Ом махьей намаха
    ...Богине Земле.

719. Ом ганаамбаайей намаха
    ...Матери служителей Шивы.

720. Ом гухьякаараадхьяайей намаха
    ...почитаемой гухьяками (вид богов).

721. Ом комалаангъей намаха
    ...Той, чье тело прекрасно.

722. Ом гуру прийаайей намаха
    ...которую любят гуру.

723. Ом сватантраайей намаха
...свободной от каких-либо ограничений.

724. Ом сарва тантрешьей намаха
...Богине всех тантр.

725. Ом дакшинаа муурти руупиньей намаха
...существующей в форме Дакшинамурти (Шивы, изначального гуру).

726. Ом санакаади самаараадхьяайей намаха
...почитаемой Санакой и другими мудрецами.

727. Ом шива гняана прадаайиньей намаха
...дарующей знание Шивы.

728. Ом чит калаайей намаха
...являющейся Сознанием в Брахмане.

729. Ом аананда каликаайей намаха
...бутону блаженства.

730. Ом према руупаайей намаха
…воплощению чистой любви.

731. Ом прийанкарьей намаха
…дарующей Своим преданным то, что дорого их сердцу.

732. Ом наама паараайана приитаайей намаха
…радующейся, когда произносят Ее имена.

733. Ом нанди видьяайей намаха
…Богине, почитаемой посредством мантры (видьи) Нандикешвары.

734. Ом натешварьей намаха
…супруге Натеши (Бога танца, Шивы).

735. Ом митхьяа джагад адхиштхаанаайей намаха
…являющейся основанием иллюзорной Вселенной.

736. Ом мукти даайей намаха
…дарующей Освобождение.

737. Ом мукти руупиньей намаха
...существующей в форме Освобождения.

738. Ом лаасья прийаайей намаха
...любящей танец ласья.

739. Ом лайя карьей намаха
...вызывающей растворение.

740. Ом ладжаайей намаха
...проявляющейся как скромность в живых существах.

741. Ом рамбхаади вандитаайей намаха
...прославляемой Рамбхой и другими прекрасными небожительницами.

742. Ом бхава даава судхаа вриштьей намаха
...проливающейся дождем нектара на лесной пожар мирского бытия.

743. Ом паапааранья давааналаайей намаха
...подобной пожару, уничтожающему леса человеческих грехов.

744. Ом даурбхаагья туула ваатуулаайей намаха
...подобной урагану, уносящему прочь пух неудач.

745. Ом джараа дхваанта рави прабхаайей намаха
...солнечному свету, рассеивающему тьму старости.

746. Ом бхаагьяабдхи чандрикаайей намаха
...полной луне, вызывающей приливы в океане благоденствия.

747. Ом бхакта читта кеки гханаагханаайей намаха
...Той, которая, подобно облаку, радующему павлинов, вызывает трепет в сердцах Своих преданных.

748. Ом рога парвата дамбхолайе намаха
...которая подобна удару молнии, сокрушающему гору болезней.

749. Ом мритью даару кутхаарикаайей намаха
...которая подобна топору, срубающему дерево смерти.

750. Ом махешварьей намаха
...Верховной Богине.

751. Ом махаа каальей намаха
…великой Кали.

752. Ом махаа граасаайей намаха
…великой поглотительнице.

753. Ом махаашанаайей намаха
…поглощающей всё великое.

754. Ом апарнаайей намаха
…не имеющей долгов.

755. Ом чандикаайей намаха
…гневающейся (на нечестивых).

756. Ом чанда мундаасура нишуудиньей намаха
…умертвившей Чанду, Мунду и других асур.

757. Ом кшараакшараатмикаайей намаха
…существующей в форме преходящего и непреходящего Атмана.

758. Ом сарва локешьей намаха
...правительнице всех миров.

759. Ом вишва дхаариньей намаха
...поддерживающей Вселенную.

760. Ом три варга даатрьей намаха
...дарующей три цели жизни.

761. Ом субхагаайей намаха
...являющейся основой процветания.

762. Ом трьямбакаайей намаха
...трехокой.

763. Ом тригунаатмикаайей намаха
...являющейся сутью трех гун.

764. Ом сваргаапаваргадаайей намаха
...дарующей небесную жизнь и Освобождение.

765. Ом шуддхаайей намаха
…чистейшей.

766. Ом джапаа пушпа нибхаакритьей намаха
…чей облик подобен цветку гибискуса.

767. Ом оджоватьей намаха
…полной жизненной энергии.

768. Ом дьюти дхараайей намаха
…полной сияния и величия, окруженной светящейся аурой.

769. Ом йагня руупаайей намаха
…существующей в форме жертвоприношения.

770. Ом прийа вратаайей намаха
…любящей обеты.

771. Ом дураараадхьяайей намаха
…Той, которой трудно поклоняться.

772. Ом дураадхаршаайей намаха
…которую трудно контролировать.

773. Ом паатаalии кусума прийаайей намаха
…любящей цветы патали (розовые цветы в форме трубочки).

774. Ом махатьей намаха
…великой.

775. Ом меру нилайаайей намаха
…чья обитель – гора Меру.

776. Ом мандаара кусума прийаайей намаха
…любящей цветы дерева мандара.

777. Ом вииРаараадхьяайей намаха
…почитаемой героями.

778. Ом вираад руупаайей намаха
…существующей в форме Космического Целого.

779. Ом вираджасе намаха
  ...свободной от раджаса.

780. Ом вишвато мукхьей намаха
  ...чей лик обращен во все стороны.

781. Ом пратьяг руупаайей намаха
  ...являющейся внутренним «Я».

782. Ом параакаашаайей намаха
  ...являющейся трансцендентальным эфиром.

783. Ом праанадаайей намаха
  ...дарующей жизнь.

784. Ом праана руупиньей намаха
  ...чья природа - жизнь.

785. Ом маартаанда бхайраваараадхьяайей намаха
  ...почитаемой Мартандабхайравой.

786. Ом мантринии ньяста раадджья дхуре намаха
…вверившей Свои царские обязанности Своей мантрини (министру).

787. Ом трипурешьей намаха
…Богине Трипуры.

788. Ом джайат сенаайей намаха
…владеющей победоносной армией.

789. Ом нистрайгуньяайей намаха
…свободной от влияния трех гун.

790. Ом параапараайей намаха
…являющейся как высшим, так и низшим.

791. Ом сатья гняанаананда руупаайей намаха
…являющейся истиной, знанием, блаженством.

792. Ом саамарасья параайанаайей намаха
…погруженной в состояние истинной мудрости.

793. Ом капардиньей намаха
…супруге Шивы (того, у которого спутаны волосы).

794. Ом калаа маалаайей намаха
…облаченной в гирлянду из шестидесяти четырех видов искусств.

795. Ом каама дхуге намаха
…исполняющей все желания.

796. Ом каама руупиньей намаха
…обладающей желанным обликом.

797. Ом калаа нидхайе намаха
…сокровищнице всех видов искусств.

798. Ом каавья калаайей намаха
…являющейся искусством поэзии.

799. Ом раса гняйей намаха
…знающей все расы (чувства, эмоции).

800. Ом раса шевадхайе намаха
...сокровищнице расы (блаженства Брахмана).

801. Ом пуштаайей намаха
...неизменно наполненной энергией.

802. Ом пураатанаайей намаха
...древней.

803. Ом пууджьяайей намаха
...достойной почитания всеми.

804. Ом пушкараайей намаха
...наполненной; питающей всех.

805. Ом пушкарекшанаайей намаха
...чьи очи подобны лепесткам лотоса.

806. Ом парасмай джьотише намаха
...высшему свету.

807. Ом парасмай дхаамне намаха
…высшей обители

808. Ом парамаанаве намаха
…наитончайшей частице.

809. Ом параат параайей намаха
…высшей из высших.

810. Ом пааша хастаайей намаха
…держащей в руке аркан.

811. Ом пааша хантрьей намаха
…разбивающей оковы.

812. Ом пара мантра вибхединьей намаха
…нейтрализующей воздействие вредоносных мантр, произносимых врагами.

813. Ом мууртаайей намаха
…воплощенной в формах.

814. Ом амууртаайей намаха
…не имеющей определенной формы.

815. Ом анитья триптаайей намаха
…получающей удовлетворение даже от наших бренных подношений.

816. Ом муни маанаса хамсикаайей намаха
…пребывающей в умах мудрецов, подобно лебедю на озере Манаса.

817. Ом сатья вратаайей намаха
…утвержденной в истине.

818. Ом сатья руупаайей намаха
…являющейся Истиной.

819. Ом сарваантар йааминьей намаха
…пребывающей внутри всех.

820. Ом сатьей намаха
…являющейся Реальностью, Вечным Бытием.

821. Ом брахмааньей намаха
…являющейся опорой всего, подобно хвосту – символу Брахмана.

822. Ом брахмане намаха
…являющейся Брахманом.

823. Ом джананьей намаха
…Матери.

824. Ом баху руупаайей намаха
…обладающей множеством форм.

825. Ом будхаарчитаайей намаха
…почитаемой мудрецами.

826. Ом прасавитрьей намаха
…Матери Вселенной.

827. Ом прачандаайей намаха
…полной гнева, внушающего благоговейный трепет.

828. Ом аагняайей намаха
…являющейся воплощением божественного повеления.

829. Ом пратиштхаайей намаха
…являющейся основанием.

830. Ом пракатаакритьей намаха
…проявленной в форме Вселенной.

831. Ом праанешварьей намаха
…повелевающей пятью пранами и чувствами.

832. Ом праана даатрьей намаха
…дарующей жизнь.

833. Ом панчаашат пиитха руупиньей намаха
…имеющей пятьдесят священных мест поклонения.

834. Ом вишринкхалаайей намаха
…нескованной, свободной от каких-либо уз.

835. Ом вивиктастхаайей намаха
...пребывающей в уединенных местах.

836. Ом виира маатре намаха
...Матери героев; Матери лучших среди преданных.

837. Ом вийат прасуве намаха
...Матери эфира.

838. Ом мукундаайей намаха
...дарующей спасение.

839. Ом мукти нилайаайей намаха
...являющейся обителью спасения.

840. Ом муула виграха руупиньей намаха
...являющейся корнем всего.

841. Ом бхаава гняайей намаха
...знающей все мысли и чувства.

842. Ом бхава рога гхньей намаха
…избавляющей от такой болезни, как круговорот рождений и смертей.

843. Ом бхава чакра правартиньей намаха
…вращающей колесо цикла рождений и смертей.

844. Ом чханда сараайей намаха
…являющейся сутью всех Вед.

845. Ом шаастра сараайей намаха
…являющейся сутью всех Священных Писаний.

846. Ом мантра сараайей намаха
…являющейся сутью всех мантр.

847. Ом талодарьей намаха
…обладающей изящной талией.

848. Ом удаара кииртайе намаха
…обладающей наивысшей славой.

849. Ом уддаама вайбхаваайей намаха
...чья доблесть безгранична.

850. Ом варна руупиньей намаха
...существующей в форме букв алфавита.

851. Ом джанма мритью джараа тапта джана вишраанти даайиньей намаха
...дающей мир и покой тем, кто страдает от рождений, смертей и немощности.

852. Ом сарвопанишад удгхуштаайей намаха
...прославляемой Упанишадами.

853. Ом шаантьятиита калаатмикаайей намаха
...превосходящей состояние безмятежности.

854. Ом гамбхиираайей намаха
...неизмеримо глубокой.

855. Ом гаганаантастхаайей намаха
...пребывающей в эфире, в пространстве.

856. Ом гарвитаайей намаха
...гордящейся (сотворением Вселенной).

857. Ом гаана лолупаайей намаха
...получающей наслаждение от музыки.

858. Ом кальпанаа рахитаайей намаха
...свободной от вымышленных представлений.

859. Ом кааштхаайей намаха
...пребывающей в наивысшем состоянии (за пределами которого ничего не существует).

860. Ом акаантаайей намаха
...избавляющей от грехов и страданий.

861. Ом каантаардха виграхаайей намаха
...чья форма образует половину тела Ее супруга.

862. Ом каарья каарана нирмуктаайей намаха
...свободной от причинно-следственных связей.

863. Ом каама кели тарангитаайей намаха
...исполненной радости в союзе с Камешварой.

864. Ом канат канака таатанкаайей намаха
...украшенной блистающими золотыми серьгами.

865. Ом лиилаа виграха дхаариньей намаха
...принимающей различные формы в процессе Своей игры.

866. Ом аджаайей намаха
...нерожденной.

867. Ом кшайа винирмуктаайей намаха
...неподвластной угасанию.

868. Ом мугдхаайей намаха
...очаровывающей Своей красотой.

869. Ом кшипра прасаадиньей намаха
...которую можно быстро умилостивить.

870. Ом антар мукха самаараадхьяайей намаха
...которую следует почитать внутри (в уме).

871. Ом бахир мукха судурлабхаайей намаха
...труднодостижимой для тех, чье внимание направлено вовне.

872. Ом трайей намаха
...являющейся тремя Ведами.

873. Ом триварга нилайаайей намаха
...являющейся обителью трех целей человеческой жизни.

874. Ом тристхаайей намаха
...пребывающей в трех мирах.

875. Ом трипура маалиньей намаха
...Трипурамалини (Богине Шри-Чакры).

876. Ом нир аамайаайей намаха
...не подверженной никаким болезням.

877. Ом нир ааламбаайей намаха
...ни от кого не зависящей.

878. Ом сваатмаараамаайей намаха
...радующейся в Своем Атмане.

879. Ом судхаасритьей намаха
...являющейся источником нектара.

880. Ом самсаара панка нирмагна самуддхарана пандитаайей намаха
...искусной в спасении тех, кто погряз в трясине рождений и смертей.

881. Ом йагня прийаайей намаха
...любящей обряды жертвоприношения и другие ритуалы.

882. Ом йагня картрьей намаха
...совершающей обряды жертвоприношения.

883. Ом йаджамаана сваруупиньей намаха
...существующей в форме Яджаманы, который управляет обрядами жертвоприношения.

884. Ом дхармаадхаараайей намаха
...поддерживающей нормы праведной жизни.

885. Ом дханаадхьякшаайей намаха
...управляющей богатством.

886. Ом дхана дхаанья вивардхиньей намаха
...приумножающей богатство и дающей обильные урожаи.

887. Ом випра прийаайей намаха
...любящей мудрецов.

888. Ом випра руупаайей намаха
...существующей в форме мудреца, познавшего свое высшее «Я».

889. Ом вишва бхрамана каариньей намаха
...побуждающей Вселенную вращаться посредством Своей силы, которая создает иллюзию.

890. Ом вишва граасаайей намаха
...поглощающей Вселенную.

891. Ом видрумаабхаайей намаха
...чей алый облик сияет, подобно кораллу.

892. Ом вайшнавьей намаха
...существующей в форме Вишну.

893. Ом вишну руупиньей намаха
...существующей в форме, которая простирается на всю Вселенную.

894. Ом айоньей намаха
...не имеющей источника.

895. Ом йони нилайаайей намаха
...являющейся первоисточником всего.

896. Ом куутастхаайей намаха
...остающейся неизменной, подобно наковальне.

897. Ом кула руупиньей намаха
...являющейся божеством пути Каула.

898. Ом виира гоштхии прийаайей намаха
...любящей собрания героев.

899. Ом виираайей намаха
...героической.

900. Ом найшкармьяайей намаха
...свободной от деяний.

901. Ом наада руупиньей намаха
...существующей в форме изначального звука.

902. Ом вигняана каланаайей намаха
...осуществляющей познание Брахмана.

903. Ом кальяайей намаха
...обладающей способностью созидания.

904. Ом видагдхаайей намаха
…сведущей во всем.

905. Ом байндаваасанаайей намаха
…восседающей в Байндава-чакре (Аджна-чакре).

906. Ом таттваадхикаайей намаха
…превосходящей все таттвы (вселенские категории).

907. Ом таттва маййей намаха
…являющейся Самой Реальностью, или Самим Шивой.

908. Ом тат твам артха сваруупиньей намаха
…являющейся значением слов «тат» (то) и «твам» (ты) (в изречении «тат твам аси» – ты есть То).

909. Ом саама гаана прийаайей намаха
…любящей пение Самаведы.

910. Ом сомьяайей намаха
…мягкой и нежной по Своей природе; дарующей прохладу и умиротворение, подобно луне.

911. Ом садаашива кутумбиньей намаха
...супруге Садашивы.

912. Ом савьяапасавья мааргастхаайей намаха
...достижимой как левым, так и правым путем поклонения.

913. Ом сарваапад виниваариньей намаха
...устраняющей все опасности.

914. Ом свастхаайей намаха
...пребывающей в Себе; свободной от любых невзгод.

915. Ом свабхаава мадхураайей намаха
...сладостной по Своей природе.

916. Ом дхиираайей намаха
...мудрой; дарующей мудрость.

917. Ом дхиира самарчитаайей намаха
...почитаемой мудрецами.

918. Ом чайтаньяаргхья самаараадхьяайей намаха

…которой поклоняются, используя сознание как подношение.

919. Ом чайтанья кусума прийаайей намаха

…любящей цветок, который есть сознание.

920. Ом садодитаайей намаха

…вечно сияющей.

921. Ом садаа туштаайей намаха

…неизменно удовлетворенной.

922. Ом тарунаадитья пааталаайей намаха

…алой, подобно утреннему солнцу.

923. Ом дакшинаадакшинаараадхьяайей намаха

…почитаемой в традициях левого и правого пути.

924. Ом дара смера мукхаамбуджаайей намаха

…чей лотосный лик озаряет ласковая улыбка.

925. Ом каулинии кевалаайей намаха
…почитаемой как Чистое Сознание последователями традиции Каула.

926. Ом анаргхья кайвалья пада даайиньей намаха
…дарующей бесценный плод окончательного Освобождения.

927. Ом стотра прийаайей намаха
…любящей хвалебные песнопения.

928. Ом стути матьей намаха
…являющейся сутью и истинным объектом всех хвалебных песнопений.

929. Ом шрути самстута вайбхаваайей намаха
…чье величие прославляется в шрути (богооткровенных священных текстах).

930. Ом манасвиньей намаха
…хорошо известной Своим умом.

931. Ом маанаватьей намаха
…великодушной; обладающей великой славой.

932. Ом махешьей намаха
...супруге Шивы.

933. Ом мангалаакритайе намаха
...обладающей благим образом.

934. Ом вишва маатре намаха
...Матери Вселенной.

935. Ом джагад дхаатрьей намаха
...Матери, поддерживающей и защищающей этот мир.

936. Ом вишаалаакшьей намаха
...чьи очи велики.

937. Ом вираагиньей намаха
...бесстрастной.

938. Ом прагалбхаайей намаха
...искусной и решительной.

939. Ом парамодаараайей намаха
...проявляющей величайшую щедрость.

940. Ом параа модаайей намаха
...исполненной высшей радости.

941. Ом маномайей намаха
...существующей в форме ума.

942. Ом вьома кешьей намаха
...чьи волосы – небо.

943. Ом вимаанастхаайей намаха
...восседающей в Своей небесной колеснице.

944. Ом ваджриньей намаха
...супруге Индры.

945. Ом ваамакешварьей намаха
...являющейся верховным божеством Вамакешвара-тантры.

946. Ом панча йагня прийаайей намаха
...любящей пять видов жертвоприношения.

947. Ом панча прета манчаадхи шаайиньей намаха
...возлежащей на возвышении из пяти мертвецов («мертвецы» – это Брахма, Вишну, Рудра, Ишвара и Садашива).

948. Ом панчамьей намаха
...являющейся пятой (т.е. супругой Садашивы).

949. Ом панча бхуутешьей намаха
...Богине пяти элементов.

950. Ом панча санкхьопачаариньей намаха
...почитаемой с использованием пяти подношений.

951. Ом шаашватьей намаха
...существующей вечно.

952. Ом шаашватайшварьяайей намаха
...чье царствование вечно.

953. Ом шармадаайей намаха
…дарующей счастье, не затрагиваемое ничем.

954. Ом шамбху мохиньей намаха
…очаровывающей Шиву.

955. Ом дхараайей намаха
…Матери Земле.

956. Ом дхара сутаайей намаха
…дочери Дхары (Химавата, или Гималаев), Парвати.

957. Ом дханьяайей намаха
…обладающей великим богатством; благословенной.

958. Ом дхарминьей намаха
…праведной.

959. Ом дхарма вардхиньей намаха
…поощряющей праведность.

960. Ом локаатиитаайей намаха
...пребывающей за пределами миров.

961. Ом гунаатиитаайей намаха
...пребывающей за пределами гун (трех качеств материальной природы: саттвы, раджаса, тамаса).

962. Ом сарваатиитаайей намаха
...пребывающей за пределами всего.

963. Ом шамаатмикаайей намаха
...чья природа – покой и блаженство.

964. Ом бандхуука кусума пракхьяайей намаха
...прекрасной и изящной, словно цветок бандхука.

965. Ом баалаайей намаха
...вечно остающейся подобной ребенку.

966. Ом лиилаа винодиньей намаха
...наслаждающейся игрой.

967. Ом сумангальей намаха
...всегда благополучной; которая никогда не овдовеет.

968. Ом сукха карьей намаха
...созидающей счастье.

969. Ом сувешаадхьяайей намаха
...облаченной в прекрасные одежды и украшения, в которых она невероятно притягательна.

970. Ом суваасиньей намаха
...вечно пребывающей в благоприятном замужестве.

971. Ом суваасиньярчана приитаайей намаха
...радующейся, когда Ей поклоняются замужние женщины.

972. Ом аашобханаайей намаха
...вечно сияющей.

973. Ом шуддха маанасаайей намаха
...чей ум чист; очищающей умы преданных Ей.

974. Ом бинду тарпана сантуштаайей намаха

…довольной подношениями, предлагаемыми Бинду (центральной точке в составе Шричакры).

975. Ом пуурва джаайей намаха

…существовавшей прежде всех, рожденной первой.

976. Ом трипураамбикаайей намаха

…Матери Трех Городов.

977. Ом даша мудраа самаараадхьяайей намаха

…почитаемой посредством десяти мудр (положений пальцев и кистей рук).

978. Ом трипураашрии вашанкарьей намаха

…повелевающей Трипурашри (божеством пятой чакры в составе Шричакры).

979. Ом гняана мудраайей намаха

…существующей в форме джняна-мудры (жеста, символизирующего мудрость).

980. Ом гняана гамьяайей намаха

…достижимой через йогу знания.

981. Ом гняана гнейя сваруупиньей намаха
…являющейся как знанием, так и познаваемым.

982. Ом йони мудраайей намаха
…существующей в форме йони-мудры.

983. Ом трикхандешьей намаха
…управляющей трикханда-мудрой, десятой мудрой.

984. Ом тригунаайей намаха
…наделенной тремя гунами.

985. Ом амбаайей намаха
…Матери всего сущего, Матери Вселенной.

986. Ом триконагаайей намаха
…пребывающей в треугольнике.

987. Ом анагхаайей намаха
…безгрешной.

988. Ом адбхута чааритраайей намаха
...чьи деяния удивительны.

989. Ом ваанчхитаартха прадаайиньей намаха
...дарующей достижение всех желанных целей.

990. Ом абхьясаатишайа гняатаайей намаха
...познаваемой только посредством усердной практики духовной дисциплины.

991. Ом шададхваатиита руупиньей намаха
...чья форма превосходит шесть путей.

992. Ом авьяджа карунаа мууртайе намаха
...проявляющейся как чистое сострадание.

993. Ом агняана дхваанта диипикаайей намаха
...рассеивающей мрак неведения, подобно яркому светильнику.

994. Ом аабаала гопа видитаайей намаха
...знакомой всем, даже детям и пастухам.

995. Ом сарваануллангхья шаасанаайей намаха
...чьи повеления невозможно нарушить.

996. Ом шриичакра рааджа нилайаайей намаха
...пребывающей в Шри-Чакре, царице чакр.

997. Ом шриимат трипура сундарьей намаха
...божественной Трипурасундари-Деви.

998. Ом шрии шиваайей намаха
...являющейся благим и Божественным Шивой.

999. Ом шива шактьейкья руупиньей намаха
...являющейся единством Шивы и Шакти.

1000. Ом лалитаамбикаайей намаха
...Божественной Матери Лалите (играющей).

**Мантрахиинам крийяахиинам
бхактихиинам махешвари
йадпууджитам майяа девии
парипуурнам тадастуте**

О Мать! Совершая Тебе это поклонение, я мог забыть
произнести многие мантры, я мог забыть совершить многие
обряды, я мог сделать это без должной преданности и
внимания. Пожалуйста, прости мои ошибки и милостью
Твоей сделай мое поклонение полным и совершенным.

Шри Махишасурамардини стотрам

Гимн Той, которая уничтожила демона в обличии буйвола

**Айи гири нандини нандита медини вишва винодини нандануте
гири варавиндья широди ниваасини вишну вилаасини
джишнунуте
бхагавати хе шитикантха кутумбини бхуури кутумбини
бхуурикрите
джейя джейя хе махишаасура-мардини рамьякапардини
шайласуте /1**

Приветствую Тебя, о Мать! Ты – источник высшей радости для Твоего отца (Хима-вата), потому что Ты, словно играя, создала всю Вселенную.

Ты – источник счастья для всех существ в мироздании.

Тебе, обитающей на высоких вершинах великих гор Виндхья, поет хвалу даже

Нанди (на ком ездит Шива). Вишну черпает творческие силы только в Тебе. Даже великий бог Индра возносит молитвы только Тебе. Для Тебя весь мир – одна семья.

Припев:

Слава Той, которая уничтожила демона в обличии буйвола; Той, которую любит Шива; дочери горы!

Суравара варшини дурдхара даршини дурмукха маршини харшарате

трибхувана пошини шанкара тошини калмаша мошини гхошарате

дану джани рошини дитисута рошини дурмада шошини синдусуте

джейя джейя хе махишаасура-мардини рамьякапардини шайласуте /2

Пусть победа будет за Тобой, о Мать! Ты даруешь блага всем богам. Ты победила великана Дурдхару и злодея Дурмукху. Утвержденная в вечном блаженстве, дарующая всем радость, Ты поддерживаешь три мира. Ты – источник блаженства для великого Бога Шивы. Придя в ярость от воинственных криков асур, Ты заглушила их. Ты нетерпима к злодеям. Ты стала повозкой смерти для эгоистичного Дурмады. Ты – дочь океана.

Айи джагадамба мадамба кадамба вана прийя ваасини хаасарате

шикхари широмани тунгахимаалайя шринганиджаалайя мадхьягате

мадху мадхуре мадхукайтабха бханджини кайтабха бханджини раасарате

джейя джейя хе махишаасура-мардини рамьякапардини шайласуте /3

Пусть победа будет за Тобой, о Мать! Ты – моя Мать, а также Мать всего мироздания. Лес Кадамба – Твоя священная обитель. Ты также живешь на величественных
пиках Гималаев. Твой прекрасный лик озарен ласковой улыбкой, которая слаще
меда. Ты уничтожила демонов Мадху и Кайтабху. Ты очищаешь Своих преданных
и ликуешь, танцуя божественный танец раса.

**Айи шата кханда викхандита рунда витундита шунда
гаджаадипате**

**рипугаджа ганда видаарана чанда параа крама шаунда
мригаадипате**

**ниджа бхуджаданда нипаатита чанда випаатита мунда
бхатаадипате**

**джейя джейя хе махишаасура-мардини рамьякапардини
шайласуте /4**

Слава Тебе, о Мать! Оружием, называемым Шатакханда, Ты обезглавила Своих врагов-демонов и разрубила их на сотни частей. Лев, на котором Ты ездишь, разорвал громадных слонов Твоих врагов, а Ты уничтожила армии асур смертоносными ударами Своих могучих рук.

Айи рана дурмада шатру вадодита дурдхара нирджара
    шактибрите
чатура вичаара дхуриина махаашива дуута крита праматаадипате
дурита дурииха дураашая дурмати даанава дуута критаантамате
джейя джейя хе махишаасура-мардини рамьякапардини
    шайласуте /5

Уничтожив орды демонов, Ты облегчила тяжкое бремя Матери Земли. Ты избрала отрешенного йога Шиву как посланника мира и в конце концов разрушила вероломные замыслы асур.

Айи шаранаагата вайривадхуувара вииравараабхайа даайикаре
трибху вана мастака шуула вироди широди критаамала
шуулакаре
думи думи таамара дундубхинаада махомукхарии крита
дингикаре
джейя джейя хе махишаасура-мардини рамьякапардини
шайласуте /6

О Мать! Ты ниспослала блага женам асур, которые попросили у Тебя защиты. Однако Ты была беспощадна к другим демонам, продолжавшим угрожать миро-зданию, и обезглавила их Своим трезубцем. Это деяние воспели боги; играя на барабанах, они заполнили всю Вселенную ритмичными звуками своих музыкальных инструментов.

Айи ниджа хумкрити маатра нираакрита дхуумра вилочана
дхуумрашате

сама рави шошита шонита бииджа самуд бхава шонита
бииджалате

шива шива шумбха нишумбха махаахава тарпита бхуута
пишаачапате

джейя джейя хе махишаасура-мардини рамьякапардини
шайласуте /7

О Мать! Как по волшебству, слог «хум», громко произнесенный Тобой, обратил в прах Дхумралочану и его злых союзников. Ты уничтожила Рактабиджу и его приспешников. Ты бесстрашно сражалась с Шумбхой и Нишумбхой и убила их. Это было угодно Шиве, Богу привидений и жутких духов.

Дхану рану шанга ранакшана санга париспхура данга
 нататкатаке
канака пишанга пришатканишанга расад бхаташринга хатаа
 батуке
крита чату ранга балакшити ранга гхатад бахуранга ратад батуке
джейя джейя хе махишаасура-мардини рамьякапардини
 шайласуте /8

О Мать! Когда Ты размахивала оружием на поле битвы, браслеты на Твоих руках ритмично звенели. Сверкающие колокольчики, привязанные к Твоему поясу, ослепляли Твоих врагов. Огромные хищные птицы кружили над телами сраженных в битве врагов, которыми было усеяно всё поле.

Сура лаланаа татато татато татато бхинайоттара нритьярате
крита кукута кукуто гададаадика таала кутуухала гаанарате
дхудхукута дхукута дхимдхимита дхвани дхиира мриданга
    нинаадарате
джейя джейя хе махишаасура-мардини рамьякапардини
    шайласуте /9

О Мать, источник звука, Ты радуешься движениям небесных танцоров, танцующих
под ритм звуков «татато-татато-татато», «кукута-кукута-кукута» и «га-га-да». Они
отбивают на барабанах ритм, звучащий как «куту-дхукута-дхими».

Джейя джейя джапья джайе джейя шабда парастути татпара
    вишвануте
джанаджана джим джими джимкрита нуупура шинджита мохита
    бхуутапате

натита натаардха натии натанаайяка наатита наатья
  сугаанаратее
джейя джейя хе махишаасура-мардини рамьякапардини
  шайласуте /10

О Мать! Все преданные поют Тебе славу. Ты танцуешь в союзе с Шивой во время Его танца Тандава, и Он радуется звону Твоих ножных браслетов.

Айи сумуна сумана сумана сумана суманохара каантийуте
шритараджании раджании раджании раджании раджании кара
  вакрайуте
сунайяна вибхрамара бхрамара бхрамара бхрамара
  бхрамараадипате
джейя джейя хе махишаасура-мардини рамьякапардини
  шайласуте /11

О Мать! Совершая Тебе поклонение, Дэвы мысленно подносят Тебе цветы, и Твоя пленительная красота принимает форму цветов, которые они представляют. Твой лик подобен лотосу на поверхности озера, освещенного луной. Твои вьющиеся волосы разметались подобно пчелам, отчего Твои очи стали еще прекраснее.

**Махита махаахава малламаталлика валлита раллака бхаллирате вирачита валлика паллика маллика джиллика бхиллика варгаврите
ситакрита пхулла самулла ситааруна талладжа паллава саллалите джейя джейя хе махишаасура-мардини рамьякапардини шайласуте /12**

О Мать! Когда воины обнажают оружие на поле боя, Ты наблюдаешь за ними. Ты даешь прибежище обитателям гор и племенам, которые живут в увитых плющом гротах. Когда Тебе совершают служение двенадцать Адитьев, Твое сияние становится еще ярче.

Авирала ганда галанмада медура матта матангаджа рааджапате
трибхувана бхуушана бхуута калаанидхи руупа пайонидхи
    рааджасуте
айи судатии джана лааласа маанаса мохана манматха рааджасуте
джейя джейя хе махишаасура-мардини рамьякапардини
    шайласуте /13

О Мать! Твоя величественная поступь напоминает поступь царя слонов, из храма
которого льется поток богатства. Ты возникла из океана, как Маха Лакшми, вместе
с луной, украшающей три мира. Манматха, в которого страстно влюблены молодые
девушки, трепещет перед Тобой, потому что не в силах поймать Тебя в сети желания.

Камала далаамала комала каанти калаакалитаамала бхаалалате
сакалавилааса калаанилайя крама кели чалат калахамсакуле
аликула санкула кувалайя мандала маулимилад-бакулааликуле
джейя джейя хе махишаасура-мардини рамьякапардини
    шайласуте /14

О Мать! Твой несравненный, прекрасный широкий лоб сияет краше лепестков лотоса. Твои грациозные движения подобны движениям лебедя. Цветы Бакула, украшающие Твои ниспадающие волосы, привлекают тучи пчел.

Кала муралии рава вииджитакууджита ладжита кокила манджумате

милита пулинда манохара гунджита ранджита шайла никунджагате

ниджагуна бхуута махаашабарии гана сад гуна самбхрита келирате

джейя джейя хе махишаасура-мардини рамьякапардини шайласуте /15

О Мать! Мелодичные звуки Твоей флейты заставляют кукушку прекратить пение. Ты стоишь в саду Калиша, наблюдая за преданными Тебе женщинами-охотницами, а пчелы при этом сладостно жужжат.

Катитата пиитадукуула вичитра майуукха тираскрита
чандрарууче
праната сураасура маули манисnхура дамnу ласаннакха
чандраруче
джита канакаачала маули мадорджита нирбхара кунджара
кумбхакуче
джейя джейя хе махишаасура-мардини рамьякапардини
шайласуте /16

О Мать! Одежды, которыми опоясана Твоя тонкая талия, краше луны. Ногти на пальцах Твоих стоп излучают яркое сияние, которое усиливается от блеска корон сур и асур, распростертых в поклоне перед Тобой. Твои груди напоминают гималайские вершины с водопадами.

Виджита сахасра карайка сахасра карайка сахасра карайка нуте
крита суратаарака сангаратаарака сангаратаарака суунусуте
сурата самаадхи самаана самаадхи самаадхи самаадхи
  суджаатарате
джейя джейя хе махишаасура-мардини рамьякапардини
  шайласуте /17

О Мать! Перед Тобой меркнет сияние солнца, которое предается Тебе, изливая тысячи лучей к Твоим божественным стопам. Сын Таракасуры возносит Тебе хвалу после войны. Ты с радостью проявляешься в мантре, которую с любовью произносят такие преданные, как Суратха и Самадхи в Саптасати.

Пада камалам карунаа нилайе вари васьяти йонудинам нушиве
айи камале камалаа нилайе камалаа нилайя са катхам на бхавет
тава падамева парам падамитья нушиилайято мама ким на шиве
джейя джейя хе махишаасура-мардини рамьякапардини
  шайласуте /18

О Мать! Парвати! Поклонение Тебе приносит процветание, так как Ты – Сама Богиня Махалакшми. Поклоняясь Тебе и медитируя на Твои священные стопы, человек обретет окончательное освобождение.

Канакаласат кала синдхуджалай ранушинчати те гуна ранга
бхувам
бхаджати са ким на шачиикучакумбха татиипарирамбха
сукхаану бхавам
тава чаранам шаранам караваани мридаани садаамайи дехи
шивам
джейя джейя хе махишаасура-мардини рамьякапардини
шайласуте /19

О Мать! Даже простой подметальщик Твоего двора наследует все небесные блага. Пожалуйста, прими мое смиренное служение и даруй мне то, что считаешь благим для меня.

Тава вималенду кулам ваданенду малам сакалам нанукуулайяте
киму пурухуута пуриинду мукхии сумукхии бхирасау вимукхии
    крийяте
мама ту матам шиванаамадхане бхаватии крипайаа кимута
    крийяте
джейя джейя хе махишаасура-мардини рамьякапардини
    шайласуте /20

О Мать! Ни одна из небесных красавиц не способна соблазнить того, кто медитирует на Твой прекрасный лик. О Мать сердца Шивы, сделай так, чтобы исполнилось предназначение моей жизни!

Айи майи диинадайаалутайаа крипайайва твайаа бхавитавьямуме айи джагато джанании крипайааси йатхааси татхаанимитааси раме

йадучита матра бхаватьюрарии курутаадуру таапамапаакуру ме джейя джейя хе махишаасура-мардини рамьякапардини шайласуте /21

О Мать! Ума! Разве Ты не славишься состраданием? Будь милосердна ко мне, моя Мать! Пожалуйста, даруй освобождение от всех моих страданий!

Шри Лалита Сахасранама Стотрам

Синдуураaруна виграхаам три найанаам мааникья маули спхурат
таараанаайака шекхараам смита мукхиим aaпиина вакшорухаам
паанибхьяам aлипуурна ратна чашакам рактотпалам бибхратиим
саумьяам ратна гхатастха ракта чаранаам дхьяайет параам
   амбикаам

Дхьяайет падмаасанастхаам викасита ваданаам падма
   патраайатаакшиим
хемаабхаам пиитавастраам кара калита ласад хема падмаам
   вараангиим
сарвааланкаара йуктаам сататам абхайадаам бхактанамраам
   бхавааниим

шрии видьяам шаанта мууртим сакала сура нутаам сарва сампат
  прадаатриим

Сакункума вилепанаам алика чумби кастуурикаам
саманда хаситекшанаам сашара чаапа паашаанкушаам
ашеша джана мохиниим аруна маалья бхуушоджвалаам
джапаа кусума бхаасураам джапавидхау смаредамбикаам

Арунаам карунаа тарангитаакшиим
дхрита паашаанкуша пушпа баана чаапаам
анимаадибхир ааавритаам майуукхеи
рахам итьева вибхаавайе махешиим

213

Стотрам

1. Шрии-маатаа шрии-махаа-раагнии шриимат-симхаасанешварии
   чид-агни-кунда-самбхуутаа дева-каарья-самудьятаа

2. Удьяд-бхаану-сахасраабхаа чатур-бааху-саманвитаа
   раага-свaруупа-паашаадхьяа кродхаа-каараанкуш-оджвалаа

3. Мано-руупекшу-кодандаа панча-танмаатра-саайакаа
   ниджааруна-прабхаапуура-маджад-брахмаанда-мандалаа

4. Чампакаашока-пуннаага-саугандхика-ласат-качаа
   курувинда-мани-шрении-канат-котиира-мандитаа

5. Аштамии-чандра-вибхраадж-далика-стхала-шобхитаа
   мукха-чандра-каланкаабха-мриганаабхи-вишешакаа

6. Вадана-смара-маангалья-гриха-торана-чилликаа
   вактра-лакшмии-париивааха-чалан-миинаабха-лочанаа

7. Нава-чампака-пушпаабха-наасаа-данда-вирааджитаа
   таараа-каанти-тираскаари-наасаабхарана-бхаасураа

8. Кадамба-манджарии-клрипта-карна-пуура-манохараа
   таатанка-йугалии-бхуута-тапанодупа-мандалаа

9. Падма-раага-шилаадарша-парибхаави-капола-бхууху
   нава-видрума-бимба-шрии-ньяккаари-радана-ччхадаа

10. Шуддха-видьяанкураакаара-двиджа-панкти-двайоджвалаа
    карпуура-виитикаамода-самаакаршад-дигантараа

11. Ниджа-саллаапа-маадхурья-винирбхартсита-каччхапии
    манда-смита-прабхаа-пуура-маджат-каамеша-маанасаа

12. Анаакалита-саадришья-чибука-шрии-вирааджитаа
    каамеша-баддха-маангалья-суутра-шобхита-кандхараа

13. Канакаангада-кейуура-каманиийа-бхуджаанвитаа
    ратна-грайвейа-чинтаака-лола-муктаа-пхалаанвитаа

14. Каамешвара-према-ратна-мани-пратипана-стании

15. наабхьяала-ваала-ромаали-латаа-пхала-куча-двайии
    Лакшья-рома-латаа-дхааратаа-сумуннейа-мадхьямаа

16. стана-бхаара-далан-мадхья-патта-бандха-вали-трайаа
    Арунааруна-каусумбха-вастра-бхаасват-катии-татии

17. ратна-кинкиникаа-рамья-рашанаа-даама-бхуушитаа
    Каамеша-гняата-саубхаагья-маардавору-двайаанвитаа мааникья-
    мукутаакаара-джаану-двайа-вирааджитаа

18. Индра-гопа-парикшипта-смара-туунаабха-джангхикаа
    гуудха-гулпхаа куурма-приштха-джайишну-прападаанвитаа

19. Накха-диидхити-санчханна-намаджана-тамогуна
    пада-двайа-прабхаа-джаала-параакрита-сарорухаа

20. Шинджаана-мани-манджиира-мандита-шрии-падаамбуджаа
    мараалии-манда-гаманаа махаа-лааванья-шевадхихи

21. Сарваарунаа'навадьяангии сарваабхарана-бхуушитаа
    шива-каамешвараанкастхаа шиваа сваадхиина-валлабхаа

22. Сумеру-мадхья-шрингастхаа шрииман-нагара-наайикаа
    чинтаамани-грихаантастхаа панча-брахмаасана-стхитаа

23. Махаа-падмаатавии-самстхаа кадамба-вана-ваасинии
    судхаа-саагара-мадхьястхаа каамаакшии каамадаайинии

24. Деварши-гана-сангхаата-стууйамаанаатма-вайбхаваа
    бхандаасура-вадходьюкта-шакти-сенаа-саманвитаа

25. Сампаткарии-самааруудха-синдхура-враджа-севитаа
    ашваарудхаадхиштхитаашва-коти-котибхир-аавритаа

26. Чакра-рааджа-ратхааруудха-сарваайудха-паришкритаа
    гейа-чакра-ратхааруудха-мантринии-парисевитаа

27. Киричакра-ратхааруудха-данданаатхаа-пурас-критаа
    джваалаа-маалиникаакшипта-вахни-праакаара-мадхьягаа

28. Бханда-сайнья-вадходьюкта-шакти-викрама-харшитаа
    нитьяа-параакрамаатопа-нириикшана-самутсукаа

29. Бханда-путра-вадходьюкта-баалаа-викрама-нандитаа
    мантриньямбаа-вирачита-вишанга-вадха-тошитаа

30. Вишукра-праана-харана-ваараахии-виирья-нандитаа
    каамешвара-мукхаалока-кальпита-шрии-ганешвараа

31. Махаа-ганеша-нирбхинна-вигхна-йантра-прахаршитаа
    бхандаасурендра-нирмукта-шастра-пратьястра-варшинии

32. Караангули-накхотпанна-нараайана-дашаакритихи
    махаа-паашупатаастраагни-нирдагдхаасура-сайникаа

33. Каамешвараастра-нирдагдха-сабхандаасура-шууньякаа
    брахмопендра-махендраади-дева-самстута-вайбхаваа

34. Хара-нетраагни-сандагдха-каама-санджииванаушадхихи
    шриимад-ваагбхава-куутайка-свараупа-мукха-панкаджаа

35. Кантхаадхах-кати-парьянта-мадхья-куута-свараупинии
    шакти-куутайкатаапанна-катьядхобхаага-дхааринии

36. Муула-мантраатмикаа муула-куута-трайа-калебараа
    кулаамритайка-расикаа кула-санкета-паалинии

37. Кулаанганаа кулаантастхаа каулинии кула-йогинии
   акулаа самайаантастхаа самайаачаара-татпараа
38. Муулаадхаарайка-нилайаа брахма-грантхи-вибхединии
   манипуураантар-удитаа вишну-грантхи-вибхединии
39. Аагняа-чакраантарааластхаа рудра-грантхи-вибхединии
   сахасраараамбуджааруудхаа судхаа-саараабхи-варшинии
40. Тадил-латаа-сама-ручихи шат-чакропари-самстхитаа
   махаа-сактих кундалинии биса-танту-таниийасии
41. Бхаваании бхааванаагамьяа бхавааранья-кутхаарикаа
   бхадра-прийаа бхадра-мууртир бхакта-саубхаагья-даайинии
42. Бхакти-прийаа бхакти-гамьяа бхакти-вашьяа бхайаапахаа
   шаамбхавии шаарадаараадхьяа шарваании шарма-даайинии

43. Шаанкарии шриикарии саадхвии шарач-чандра-нибхаананаа
    шаатодарии шаантиматии нираадхаараа ниранджанаа

44. Нирлепаа нирмалаа нитьяа нираакаараа нираакулаа
    ниргунаа нишкалаа шаантаа нишкаамаа нирупаплаваа

45. Нитья-муктаа нирвикааараа нишпрапанчаа нираашрайаа
    нитья-шуддхаа нитья-буддхаа ниравадьяа нирантараа

46. Нишкааранаа нишкаланкаа нирупаадхир нириишвараа
    ниираагаа раага-матханаа нирмадаа мада-наашинии

47. Нишчинтаа нираханкааараа нирмохаа моха-наашинии
    нирмамаа маматаа-хантрии нишпаапаа паапа-наашинии

48. Нишкродхаа кродха-шамании нирлобхаа лобха-наашинии
    нихсамшайаа самшайа-гхнии нирбхаваа бхава-наашинии

221

49. Нирвикальпаа нираабаадхаа нирбхедаа бхеда-наашинии
нирнаашаа мритью-матхании нишкрийа нишпариграхаа

50. Нистулаа ниила-чикураа нирапаайаа ниратьяйаа
дурлабхаа дургамаа дургаа духкха-хантрии сукха-прадаа

51. Душтадуураа дураачаара-шамании доша-варджитаа
сарвагняа саандракарунаа самаанаадхика-варджитаа

52. Сарва-шакти-майии сарва-мангалаа сад-гати-прадаа
сарвешварии сарва-майии сарва-мантра-сваруупинии

53. Сарва-йантраатмикаа сарва-тантра-руупаа манонмании
маахешварии махаа-девии махаа-лакшмии мрида-прийаа

54. Махаа-руупаа махаа-пууджьяа махаа-паатака-наашинии
махаа-маайаа махаа-саттваа махаа-шактир махаа-ратихи

55. Махаа-бхогаа махайшварьяа махаа-виирьяа махаа-балаа
    махаа-буддхир махаа-сиддхир махаа-йогешварешварии

56. Махаа-тантраа махаа-мантраа махаа-йантраа махаасанаа
    махаа-йаага-крамаараадхьяа махаа-бхайрава-пууджитаа

57. Махешвара-махаакальпа-махаатаандава-саакшинии
    махаа-каамеша-махишии махаа-трипура-сундарии

58. Чатух-шаштьюпачаараадхьяа чатух-шашти-калаамайии
    махаа-чатух-шашти-коти-йогинии-гана-севитаа

59. Ману-видьяа чандра-видьяа чандра-мандала-мадхьягаа
    чаару-руупаа чаару-хаасаа чаару-чандра-калаа-дхараа

60. Чараачара-джаган-наатхаа чакра-рааджа-никетанаа
    паарватии падма-найанаа падма-раага-сама-прабхаа

61. Панча-претаасанаасиинаа панча-брахма-сваруупинии
    чинмайии парамаанандаа вигняана-гхана-руупинии

62. Дхьяана-дхьяатри-дхьейа-руупаа дхармаадхарма-виварджитаа
    вишва-руупаа джаагаринии свапантии тайджасаатмикаа

63. Суптаа праагняатмикаа турьяа сарваавастхаа-виварджитаа
    сришти-картрии брахма-руупаа гоптрии говинда-руупинии

64. Самхааринии рудра-руупаа тиродхаана-кар'иишварии
    садаа-шиваа'нуграха-даа панча-критья-параайанаа

65. Бхаану-мандала-мадхьястхаа бхайравии бхага-маалинии
    падмаасанаа бхагаватии падма-наабха-саходарии

66. Унмеша-нимишотпанна-випанна-бхуванаавалии
    сахасра-шиирша-ваданаа сахасраакшии сахасра-паат

67. Аабрахма-киита-джанании варнаашрама-видхаайинии
    ниджаагняа-руупа-нигамаа пуньяпунья-пхала-прадаа

68. Шрути-сииманта-синдуурии-крита-паадаабджа-дхууликаа
    сакалаагама-сандоха-шукти-сампута-мауктикаа

69. Пурушаартха-прадаа пуурнаа бхогинии бхуванешварии
    амбикаа'наади-нидханаа хари-брахмендра-севитаа

70. Наараайании наада-руупаа наама-руупа-виварджитаа
    хриим-каарии хрииматии хридьяа хейопаадейа-варджитаа

71. Рааджа-рааджаарчитаа раагнии рамьяа рааджиива-лочанаа
    ранджании рамании расьяа ранат-кинкини-мекхалаа

72. Рамаа раакенду-ваданаа рати-руупаа рати-прийаа
    ракшаа-карии раакшаса-гхнии раамаа рамана-лампатаа

73. Каамьяа каама-калаа-руупаа кадамба-кусума-прийаа
кальяании джагатии-кандаа карунаа-раса-саагараа

74. Калааватии калаалаапаа каантаа каадамбарии-прийаа
варадаа ваама-найанаа ваарунии-мада-вихвалаа

75. Вишваадхикаа ведаведьйа виндхьяачала-ниваасинии
видхаатрии веда-джанании вишну-маайаа вилаасинии

76. Кшетра-сваруупаа кшетрешии кшетра-кшетраагня-паалинии
кшайа-вриддхи-винирмуктаа кшетра-паала-самарчитаа

77. Виджайаа вималаа вандьяа вандаару-джана-ватсалаа
вааг-ваадинии ваама-кешии вахни-мандала-ваасинии

78. Бхактимат-кальпа-латикаа пашу-пааша-вимочинии
самхритаашеша-паашандаа садаачаара-правартикаа

79. Таапа-трайаагни-сантапта-самаахлаадана-чандрикаа
    тарунии таапасаараадхьяа тану-мадхьяа тамопахаа

80. Читис тат-пада-лакшьяартхаа чид-эка-раса-руупинии
    сваатмааананда-лавии-бхуута-брахмаадьяананда-сантатихи

81. Параа пратьяк-читии-руупаа пашьянтии пара-деватаа
    мадхьямаа вайкхарии-руупаа бхакта-маанаса-хамсикаа

82. Каамешвара-прааана-наадии критагняа каама-пууджитаа
    шрингаара-раса-сампуурнаа джайаа джаааландхара-стхитаа

83. Одьяана-пиитха-нилайаа бинду-мандала-ваасинии
    рахо-йаага-крамаараадхьяа рахас-тарпана-тарпитаа

84. Садьях-прасаадинии вишва-саакшинии саакши-варджитаа
    шад-анга-деватаа-йуктаа шаад-гунья-парипууритаа

85. Нитья-клиннаа нирупамаа нирваана-сукха-даайинии
     нитьяа-шодашикаа-руупаа шриикантхаардха-шарииринии
86. Прабхааватии прабхаа-руупаа прасиддхаа парамешварии
     муула-пракритир авьяктаа вьяктаавьякта-сваруупинии
87. Вьяапинии вивидхааскаараа видьяавидьяа-сваруупинии
     махаа-каамеша-найана-кумудаахлаада-каумудии
88. Бхакта-хаарда-тамо-бхеда-бхаанумад-бхаану-сантатиихи
     шива-дуутии шиваараадхьяа шива-мууртих шиванкарии
89. Шива-прийаа шива-параа шиштештаа шиштапууджитаа
     апрамейаа свапракаашаа мано-ваачаам-агочараа
90. Чиччхактиш четанаа-руупаа джада-шактир джадаатмикаа
     гаайатрии вьяахритих сандьяа двиджа-вринда-нишевитаа

91. Таттваасанаа тат'вам'айии панча-кошаантара-стхитаа
нихсиима-махимаа нитья-йауванаа мада-шаалинии

92. Мада-гхуурнита-рактаакшии мада-паатала-ганда-бхууху
чандана-драва-дигдхаангии чаампейа-кусума-прийаа

93. Кушалаа комалааюкаараа курукуллаа кулешварии
кула-кундаалайаа каула-маарга-татпара-севитаа

94. Кумаара-гананаатхаамбаа туштих пуштир матир дхритихи
шаантих свасти-матии каантир нандинии вигхна-наашинии

95. Теджоватии три-найанаа лолаакшии-каама-руупинии
маалинии хамсинии маатаа малайаачала-ваасинии

96. Сумукхии налинии субхруухху шобханаа суранаайикаа
каалакантхии каанти-матии кшобхинии суукшма-руупинии

229

97. Ваджрешварии ваама-девии вайовастхаа-виварджитаа
   сиддхешварии сиддха-видьяа сиддха-маатаа йашасвинии

98. Вишуддхи-чакра-нилайаа'ракта-варнаа три-лочанаа
   кхатваангаади-прахаранаа ваданайка-саманвитаа

99. Паайасаанна-прийаа твакстхаа пашу-лока-бхайанкарии
   амритаади-махаашакти-самвритаа даакиниишварии

100. Анаахатаабджа-нилайаа шьяамаабхаа вадана-двайаа
   дамштроджвалаа'кша-маалаади-дхараа рудхира-самстхитаа

101. Каала-раатрьяади-шактьяугха-вритаа снигдхаудана-прийаа
   махаа-виирендра-варадаа раакиньямбаа-сваруупинии

102. Манипуураабджа-нилайаа вадана-трайа-самьютаа
   ваджраадикаайудхопетаа даамарьяадибхир-аавритаа

103. Ракта-варнаа маамса-ништхаа гудаанна-приита-маанасаа
    самаста-бхакта-сукхадаа лаакиньямбаа-сваруупинии

104. Сваадхиштхаанаамбуджа-гатаа чатур-вактра-манохараа
    шуулаадьяйудха-сампаннаа пиита-варнаа'ти-гарвитаа

105. Медо-ништхаа мадху-приитаа бандхиньяади-саманвитаа
    дадхьяаннаасакта-хридайаа каакинии-руупа-дхааринии

106. Муулаадхаараамбуджаарруудхаа панча-вактраа'стхи-самстхитаа
    анкушаади-прахаранаа варадаади-нишевитаа

107. Мудгауданаасакта-читтаа саакиньямбаа-сваруупинии
    аагняа-чакраабджа-нилайаа шукла-варнаа шад-аананаа

108. Маджаа-самстхаа хамсаватии-мукхья-шакти-саманвитаа
    харидрааннайка-расикаа хаакинии-руупа-дхааринии

231

109. Сахасра-дала-падмастхаа сарва-варнопашобхитаа
    сарваайудха-дхараа шукла-самстхитаа сарватомукхии

110. Сарваудана-приита-читтаа йаакиньямбаа-сваруупинии
    сваахаа свадхаа'матир медхаа шрути смритир ануттамаа

111. Пунья-кииртих пунья-лабхьяа пунья-шравана-кииртанаа
    пуломаджаарчитаа бандха-мочании барбараалакаа

112. Вимарша-руупинии видьяа вийадаади-джагат-прасууху
    сарва-вьяадхи-прашамании сарва-мритью-ниваарinии

113. Агра-ганьяа'чинтья-руупаа кали-калмаша-наашинии
    каатьяайании каалахантрии камалаакша-нишевитаа

114. Таамбуула-пуурита-мукхии даадимии-кусума-прабхаа
    мригаакшии мохинии мукхьяа мридаании митра-руупинии

115. Нитья-триптаа бхакта-нидхир нийантрии никхилешварии
майтрьяади-ваасанаа-лабхьяа махаа-пралайа-саакшинии

116. Параашактих параанииштхаа прагняана-гхана-руупинии
маадхвии-паанааласаа маттаа маатрикаа-варна-руупинии

117. Махаакайлааса-нилайаа мринаала-мриду-дор-латаа
маханиийаа дайаа-мууртир махаа-саамрааджья-шаалинии

118. Аатма-видьяа махаа-видьяа шрии-видьяа каама-севитаа
шрии-шодашаакшарии-видьяа трикуутаа каама-котикаа

119. Катаакша-кинкарии-бхуута-камалаа-коти-севитаа
ширахстхитаа чандра-нибхаа бхааластх'ендра-дханух-прабхаа

120. Хридайастхаа рави-пракхья триконаантара-диипикаа
даакшаайании дайтья-хантрии дакша-йагня-винаашинии

121. Дараандолита-дииргхаакшии дара-хаасоджвалан-мукхии
гуру-мууртир гуна-нидхир го-маатаа гуха-джанма-бхууху

122. Девешии данда-ниитистхаа дахараакааша-руупинии
пратипан-мукхья-раакаанта-титхи-мандала-пууджитаа

123. Калаатмикаа калаа-наатхаа каавьялаапа-винодинии
сачаамара-рамаа-ваании-савья-дакшина-севитаа

124. Аадишактир амейаа'тмаа парамаа пааванаакритихи
анека-коти-брахмаанда-джананаии дивья-виграхаа

125. Клиимкаарии кевалаа гухьяа кайвалья-пада-даайинии
трипураа триджагад-вандьяа тримууртир тридашешварии

126. Трьякшарии дивья-гандхаадхьяа синдуура-тилакаанчитаа
умаа шайлендра-танайаа гаурии гандхарва-севитаа

127. Вишва-гарбхаа сварна-гарбхаа'варадаа вааг-адхиишварии
дхьяана-гамьяа'пари-ччхедьяа гняанадаа гняана-виграхаа

128. Сарва-ведаанта-самведьяа сатьяананда-сваруупинии
лопаамудраарчитаа лиилаа-клрипта-брахмаанда-мандалаа

129. Адришьяа дришья-рахитаа вигняатрии ведья-варджитаа
йогинии йогадаа йогьяа йогаанандаа йугандхараа

130. Иччхаа-шакти-гняана-шакти-крийаа-шакти-сваруупинии
сарваадхаараа супратиштхаа сад-асад-руупа-дхааринии

131. Ашта-мууртир аджаа-джайтрии лока-йаатраа-видхаайинии
экаакинии бхуума-руупаа нирдвайтаа двайта-варджитаа

132. Аннадаа васудаа вриддхаа брахмаатмайкья-сваруупинии
брихатии брааахмании брааахмии брахмаанандаа бали-прийаа

133. Бхаашаа-руупаа брихат-сенаа бхааваабхаава-виварджитаа
сукхаараадхьяа шубха-карии шобханаа-сулабхаа-гатихи

134. Рааджа-рааджешварии рааджья-даайинии рааджья-валлабхаа
рааджат-крипаа рааджа-питха-нивешита-ниджаашритаа

135. Рааджья-лакшмиих коша-наатхаа чатур-анга-балешварии
саамрааджья-даайинии сатья-сандхаа саагара-мекхалаа

136. Дииикшитаа дайтья-шамании сарва-лока-вашанкарии
сарваартха-даатрии саавитрии сат-чид-аананда-руупинии

137. Деша-каалаапариччхиннаа сарвагаа сарва-мохинии
сарасватии шаастрамайии гухаамбаа гухья-руупинии

138. Сарвопаадхи-винирмуктаа садаашива-пативратаа
сампрадаайешварии саадхв'ии гуру-мандала-руупинии

139. Кулоттиирнаа бхагаараадхьяа маайаа мадхуматии махии
    ганаамбаа гухьякаараадхьяа комалаангии гуру-прийаа

140. Сватантраа сарва-тантрешии дакшинаа-муурти-руупинии
    санакаади-самаараадхьяа шива-гняана-прадаайинии

141. Чит-калаа'нанда-каликаа према-руупаа прийанкарии
    наама-паараайана-приитаа нанди-видьяа натешварии

142. Митхьяа-джагад-адхиштхаанаа муктидаа мукти-руупинии
    лаасья-прийаа лайа-карии ладжаа рамбхаади-вандитаа

143. Бхава-даава-судхаа-вриштихи паапааранья-давааналаа
    даурбхаагья-туула-ваатуулаа джараа-дхваанта-рави-прабхаа

144. Бхаагьяабдхи-чандрикаа бхакта-читта-кеки-гханаагханаа
    рога-парвата-дамбхолир мритью-даару-кутхаарикаа

145. Махешварии махаа-каалии махаа-граасаа махаашанаа
апарнаа чандикаа чанда-мундаасура-нишуудинии

146. Кшараакшараатмикаа сарва-локешии вишва-дхааринии
три-варга-даатрии субхагаа трийамбакаа тригунаатмикаа

147. Сваргаапаваргадаа шуддхаа джапаа-пушпа-нибхаакритихи
оджоватии дьюти-дхараа йагня-руупаа прийа-вратаа

148. Дураараадхьяа дураадхаршаа паатaлии-кусума-прийаа
махатии меру-нилайаа мандаара-кусума-прийаа

149. Виирааараадхьяа вираад-руупаа вираджаа вишвато-мукхии
пратьяг-руупаа параакаашаа праанадаа праана-руупинии

150. Маартаанда-бхайраваараадхьяа мантринии-ньяста-рааджья-
дхууху трипурешии джайат-сенаа нистрайгуньяа параапараа

151. Сатья-гняанаананда-руупаа саамарасья-параайанаа
капардинии калаа-маалаа каама-дхук каама-руупинии

152. Калаа-нидхих каавья-калаа раса-гняа раса-шевадхихи
пуштаа-пураатанаа пууджьяа пушкараа пушкарекшанаа

153. Парам-джьотих парам-дхаама парамаанух параат-параа
пааша-хастаа пааша-хантрии пара-мантра-вибхединии

154. Мууртаа'мууртаа'нитья-триптаа муни-маанаса-хамсикаа
сатья-вратаа сатья-руупаа сарваантар-йааминии сатии

155. Брахмаании брахма джанании баху-руупаа будхаарчитаа
прасавитрии прачандаа'гняа пратиштхаа пракатаакритихи

156. Праанешварии праана-даатрии панчаашат-питха-руупинии
вишринкхалаа вивиктастхаа виира-маатаа вийат-прасууху

157. Мукундаа мукти-нилайаа муула-виграха-руупинии
бхаава-гняа бхава-рога-гхнии бхава-чакра-правартинии

158. Чхандах-саараа шаастра-саараа мантра-саараа талодарии
удаара-кииртир уддаама-вайбхаваа варна-руупинии

159. Джанма-мритью-джараа-тапта-джана-вишраанти-даайинии
сарвопанишад-удгхуштаа шаантьятиита-калаатмикаа

160. Гамбхиираа гаганаантахстхаа гарвитаа гаана-лолупаа
калпанаа-рахитаа кааштхаа'каантаа каантаардха-виграхаа

161. Каарья-каарана-нирмуктаа каама-кели-тарангитаа
канат-канака-таатанкаа лиилаа-виграха-дхааринии

162. Аджаа кшайа-винирмуктаа мугдхаа кшипра-прасаадинии
антар-мукха-самаараадхьяа бахир-мукха-судурлабхаа

163. Трайии триварга-нилайаа тристхаа трипура-маалинии
     нир-аамайаа нир-ааламбаа сваатмаараамаа судхаасритихи

164. Самсаара-панка-нирмагна-самуддхарана-пандитаа
     йагня-прийаа йагня-картрии йаджамаана-свaруупинии

165. Дхармаадхаараа дханаадхьякшаа дхана-дхаанья-вивардхинии
     випра-прийаа випра-руупаа вишва-бхрамана-кааринии

166. Вишва-граасаа видрумаабхаа вайшнавии вишну-руупинии
     айонир йони-нилайаа куутастхаа кула-руупинии

167. Виира-гоштхии-прийаа виираа найшкармьяа наада-руупинии
     вигняана-каланаа кальяа видагдхаа байндаваасанаа

168. Таттваадхикаа таттва-майии тат-твам-артха-свaруупинии
     саама-гаана-прийаа сомьяа садаашива-кутумбинии

241

169. Савьяапасавья-мааргастхаа сарваапад-винивааринии
    свастхаа свабхаава-мадхураа дхираа дхиира-самарчитаа

170. Чайтаньяаргхья-самаараадхьяа чайтанья-кусума-прийаа
    садодитаа садаа-туштаа тарунаадитья-паяталаа

171. Дакшинаадакшинаараадхьяа дара-смера-мукхаамбуджаа
    каулинии-кевалаа'наргхья-кайвалья-пада-даайинии

172. Стотра-прийаа стути-матии шрути-самстута-вайбхаваа
    манасвинии маанаватии махешии мангалаакритихи

173. Вишва-маатаа джагад-дхаатрии вишаалаакшии вираагинии
    прагалбхаа парамодаараа параа-модаа маномайии

174. Вьома-кешии вимаанастхаа ваджринии ваамакешварии
    панча-йагня-прийаа панча-прета-манчаадхи-шаайинии

175. Панчамии панча-бхуутешии панча-санкхьопачааринии
шаашватии шаашватайшварьяа шармадаа шамбху-мохинии

176. Дхараа дхара-сутаа дханьяа дхарминии дхарма-вардхинии
локаатиитаа гунаатиитаа сарваатиитаа шамаатмикаа

177. Бандхуука-кусума-пракхьяа баалаа лиилаа-винодинии
сумангалии сукха-карии сувешаадхьяа суваасинии

178. Суваасиньярчана-приитаа'шобханаа шуддха-маанасаа
бинду-тарпана-сантуштаа пуурваджаа трипураамбикаа

179. Даша-мудраа-самаараадхьяа трипураашрии-вашанкарии
гняана-мудраа гняана-гамьяа гняана-гнейа-сваруупинии

180. Йони-мудраа трикхандешии тригунаа'мбаа триконагаа
анагхаа'дбхута-чааритраа вааннчхитаартха-прадаайинии

181.	Абхьяасаатишайа-гняатаа шададхваатиита-руупинии
	авьяаджа-карунаа-мууртир агняана-дхваанта-диипикаа

182.	Аабаала-гопа-видитаа сарвваануллангхья-шаасанаа
	шриичакра-рааджа-нилайаа шриимат-трипура-сундарии

183.	Шрии-шиваа шива-шактьейкья-руупинии лалитаамбикаа

Заключительные молитвы

**Ом асатомаа садгамайя
тамасомаа джьотиргамайя
мритьормаа амритамгамайя
ом шаанти шаанти шаанти**

Ом, веди нас от неправды к истине,
от тьмы к свету,
от смерти к бессмертию.
Ом мир, мир, мир.

Ом локаа самастаа сукхино бхавантуу
локаа самастаа сукхино бхавантуу
локаа самастаа сукхино бхавантуу
ом шаанти шаанти шаанти

Ом, пусть все существа во всех мирах будут счастливы.
Ом мир, мир, мир.

**Ом пуурнамадах пуурнамидам
пуурнаат пуурнамудачьяте
пуурнасья пуурнамаадаайя
пуурнам-эваа-вашишьяте
ом шаанти шаанти шаанти**

Ом, То целое и это целое.
Из целого проявляется целое.
Если от целого отнять целое,
Остается целое.
Ом мир, мир, мир.

**Ом шрии гурубхьо намаха
харии ом**
Ом, поклон благим гуру.
Хари Ом.

Бхагавад-гита – глава 15

Произносится в Амритапури перед приемом
пищи, предшествует Ягна-мантре.

Атха панчадашо᾽дхьяайяха пурушоттама йогаха

Пятнадцатая глава «Йога Высшего Пуруши (Высочайшего Духа)».

Шрии бхагаваан уваача

Благословенный Господь сказал:

Уурдхва-муулам адхах-шаакхам / ашваттхам праахур авьяйам чхандаамси йасья парнаани / йас там веда са веда-вит /1

Говорят, существует вечное дерево ашваттха (баньян), корни которого устремлены вверх, а ветви направлены вниз, листья которого – Веды. Тот, кто знает его, является знатоком Вед.

Адхаш чордхвам прасритаас тасья шаакхаа / гуна-правриддхаа вишайа-праваалааха
адхаш ча муулаани анусантатаани / кармаанубандхиини манушья-локе /2

Ветви этого дерева, питаемые гунами, распространяются вверх и вниз; его побеги – это объекты чувственного восприятия; а его корни растут вниз в мир людей, обусловливая их деятельность.

На руупам асьеха татхопалабхьяте наанто на чаадир на ча сампратиштхаа
ашваттхам энам су-вируудха-муулам асанга-шастрена дридхена чхиттваа /3

Здесь невозможно воспринять ни форму, ни начало, ни конец, ни существование этого дерева. Срубив это прочно укоренившееся дерево баньян мощным топором непривязанности,

Татах падам тат паримааргитавьям йасмин гатаа на нивартанти бхууйаха

там эва чаадьям пурушам прападье йатах правриттих прасритаа пураании /4

следует устремляться к той Цели, достигнув которой мудрые не возвращаются. Там следует принять прибежище в Изначальном Пуруше, от которого исходит вечный динамизм.

Нирмаана-мохаа джита-санга-дошаа адхьяатма-нитьяа винивритта-каамааха

двандваир вимуктаах сукха-духкха-самгняир гатчханти амуудхаах падам авьяйам тат /5

Мудрецы, свободные от гордыни и заблуждений, победившие зло привязанностей, вечно пребывающие в духе, избавившиеся от желаний, не затрагиваемые парами противоположностей, такими как наслаждение и боль, достигают этого высшего бессмертного состояния.

На тад бхаасайате суурьо / на шашаанко на паавакаха
йад гатваа на нивартанте / тад дхаама парамам мама /6

Ни солнце, ни луна, ни даже огонь не могут осветить то высшее состояние, Мою обитель, достигнув которой, больше не возвращаются в этот мир.

Мамайваамшо джиива-локе / джиива-бхуутах санаатанаха
манах-шаштхаанииндрийаани / пракрити-стхаани каршати /7

Частица Меня самого, внешняя Дживатма, став живой душой в этом мире, притягивает к себе (пять) чувств и ум, которые пребывают в пракрити (природе).

Шариирам йад аваапноти / йач чаапи уткрааматиишвараха
грихиитвайтаани самьяати / ваайур гандхаан иваашайаат /8

Как ветер переносит ароматы цветов, так и воплощенная душа, покидая одно тело и переселяясь в другое, переносит с собой ум, чувства и связанные с ними желания.

Шротрам чакшух спаршанам ча / расанам гхраанам эва ча адхиштхаайа манаш чаайам / вишайаан упасевате /9

Воплощенная душа познаёт объекты чувственного восприятия через органы слуха, зрения, осязания, вкуса и обоняния, а также через ум.

Уткраамантам стхитам ваапи / бхунджаанам ваа гунаанвитам вимуудхаа наанупашьянти / пашьянти гняана-чакшушаха /10

Те, кто пребывают в неведении, не знают душу, переселяющуюся из одного тела в другое, пребывающую в теле, воспринимающую объекты и соединенную с гунами. Однако те, кто обрели мудрость, познают ее.

Йатанто йогинаш чайнам / пашьянти аатмани авастхитам йатанто'пи акритаатмаано / найнам пашьянти ачетасаха /11

Йоги, стремящиеся (к совершенству) видят душу в своем сердце. Те, кто не обрели мудрости и чистоты, не могут увидеть ее, несмотря на все усилия.

Йад аадитья-гатам теджо / джагад бхаасайате'кхилам
йач чандрамаси йач чаагнау / тат теджо виддхи маамакам /12

Знай, что свет солнца, озаряющий весь мир, свет луны и огня – всё это Мой свет.

Гаам аавишья ча бхуутаани / дхаарайаами ахам оджасаа
пушнаами чаушадхиих сарваах / сомо бхуутваа расаатмакаха /13

Пронизывая землю Своей энергией, Я поддерживаю всех существ. Став нектарной луной, Я питаю все растения.

Ахам вайшваанаро бхуутваа / праанинаам дехам аашритаха
праанаапаана-самаайуктаха / пачаами аннам чатур-видхам /14

Пребывая в телах всех существ как огонь Вайшванара, Я, соединившись с праной и апаной, перевариваю четыре вида пищи.

Сарвасья чаахам хриди саннивишто маттах смритир гнянам апоханам ча

ведайш ча сарвайр ахам эва ведьо ведаанта-крид веда-вид эва чаахам /15

Я пребываю в сердцах всех. Память, знание и забвение берут начало от Меня. Я то, что следует познать через все Веды; Я источник Веданты, а также знаток Вед.

Дваав имау пурушау локе / кшараш чаакшара эва ча кшарах сарваани бхуутаани / куута-стхо'кшара учьяте /16

В мире есть два Пуруши: Преходящий и Непреходящий. Все существа составляют Преходящее, а воплощенная душа именуется Непреходящим.

Уттамах пурушас тваньяха / парамаатмети удаахритаха йо лока-трайам аавишья / бибхарти авьяйа иишвараха /17

Но есть еще Высший Пуруша, именуемый Высочайшим Духом, Вечным Господом, который, пронизывая три мира, поддерживает их.

**Йасмаат кшарам атиито'хам / акшараад апи чоттамахаа
ато'сми локе веде ча / пратхитах пурушоттамаха /18**

Я нахожусь за пределами Преходящего и Непреходящего, поэтому Меня называют Пурушоттамой (Высшим Пурушей) и в этом мире, и в Ведах.

**Йо маам эвам асаммуудхо / джаанаати пурушоттамам
са сарва-вид бхаджати маам / сарва-бхаавена бхаарата /19**

Арджуна! Тот, кто знает Меня как Высшего Пурушу, знает всё и непрестанно поклоняется Мне всем своим существом.

**Ити гухьятамам шаастрам / идам уктам майаанагха
этад буддхваа буддхимаан сьяат / крита-критьяш ча бхаарата /20**

Так Я поведал это сокровеннейшее учение. Постигнув его, человек обретает мудрость, и исполняется предназначение его жизни, о сын династии Бхарата.

Ом тат сат, ити шримад бхагават гитасу упанишатсу брахмавидьяйаам йогашастре
шри кришнарджуна самваде пурушоттама-йогонама панчадашодхьяйаха

Так в Упанишаде Бхагавад-гиты, писании йоги, учении об Абсолюте, в беседе Шри Кришны с Арджуной, завершается пятнадцатая глава под названием «Йога Высшего Пуруши (Высочайшего Духа)».

Ом сарва-дхармаан паритьяджья маам экам шаранам враджа ахам тваа сарва-паапебхьо мокшайишьями маа шучаха (Глава 18.66)

Оставив все дхармы, прими прибежище во Мне одном. Я освобожу тебя от всех грехов, не печалься.

Ягна-мантра

Мантра жертвоприношения, Бхагавад-гита 4.24

Произносится в Амритапури перед приемом пищи.

Ом

Брахмарпанам брахма хавир — Ом, Брахман – это акт подношения,

брахмагнау брахмана хутам — Брахман – это предлагаемая пища,

брахмайва тена гантавьям — Брахманом предлагается это подношение в огонь Брахмана.

брахма карма самадхина — Брахман – это то, что обретается путем полного растворения в действиях Брахмана.

Ом шанти шанти шанти — Ом, мир, мир, мир.

Ом шри гурубхьо намаха — Ом, поклон благим гуру

Хари ом — Хари Ом

Арати

Песнопение, посвященное Амме, которое исполняется во время арати (церемонии, в ходе которой совершаются круговые движения горящей камфорой). После него произносятся заключительные молитвы.

Ом джейя джейя джагад джанании ванде амритаанандамайии мангала аарати маата бхаваани амритаанандамайии маатаа амритаанандамайии /1

Слава Матери Вселенной! Низкий поклон Тебе, Амританандамайи. Благое арати Тебе, Мать Бхавани.

джана мана ниджа сукха-даайини маатаа амритаанандамайии мангала каарини ванде джанании амритаанандамайии маатаа амритаанандамайии /2

Поклон дарующей подлинное счастье и всяческие блага.

сакалаагама нига маадишу чарите амритаанандамайии
никхилаамайя хара джанании ванде амритаанандамайии
маатаа амритаанандамайии /3

Тебя прославляют Веды и Шастры. Поклон Тебе, о Мать, разрушающая все страдания.

према расаамрита варшини маатаа амритаанандамайии
према бхакти сандаайини маатаа амритаанандамайии
маатаа амритаанандамайии /4

Ты источаешь нектар Любви, о дарующая безусловную любовь!

шамадама даайини маналайя каарини амритаанандамайии
сататам мама хриди васатаам девии амритаанандамайии
маатаа амритаанандамайии /5

Ты наделяешь способностью внутреннего и внешнего самообладания. О Деви, растворяющая ум, молю Тебя, пребывай в моем сердце вечно.

Патитодхаара нирантара хридайе амритаанандамайии парамахамса пада нилайе девии амритаанандамайии маатаа амритаанандамайии /6

В Твоем сердце горит стремление поднимать падших. Ты пребываешь в состоянии парамахамсы.

хе джанании джани марана ниваарини амритаанандамайии хе шрита джана парипаалини джайятаам амритаанандамайии маатаа амританадамайи /7

О Мать, спасающая от цикла рождений и смертей, заступница ищущих Твоей защиты!

сура джана пууджита джейя джагадамбаа амритаанандамайии сахаджа самаадхи суданийе девии амритаанандамайии маатаа амритаанандамайии /8

Тебя почитают боги. Ты пребываешь в естественном состоянии самадхи.

ом джейя джейя джагад джанании ванде амритаанандамайии мангала аарати маата бхаваани амритаанандамайии маатаа амритаанандамайии /1

Слава Матери Вселенной! Низкий поклон Тебе, Амританандамайи. Благое арати Тебе, Мать Бхавани.

Джей боло садгуру маатаа амритаанандамайии девии кии

(Ведущий) Скажите: «Слава Истинному Учителю Мате Амританандамайи Деви!»

Джей

(Ответ) Слава!

О произношении

Язык «Лалита Сахасранамы» и других произведений, вошедших в этот сборник, – санскрит. В данном издании санскритские слова переданы средствами русского алфавита. Долгота гласных передается двойной буквой («аа» – это долгое «а», «уу» – долгое «у» и т.д.).

Правильное произношение мантр на санскрите требует некоторой практики. Однако Амма заверяет нас, что Божественная Мать всё равно поймет нас, даже если мы будем произносить мантры с ошибками.